贝克欧洲史 — 10
C. H. Beck Geschichte Europas

Andreas Wirsching

Demokratie und Globalisierung: Europa seit 1989

©Verlag C.H.Beck oHG, München 2015

Arranged through Jia-xi Books Co., Ltd. / Literary Agency.

封面图片为日内瓦联合国广场断腿椅子纪念雕塑。

［德］安德烈亚斯·维尔申 著

Andreas Wirsching

全球化与民主

DEMOKRATIE
UND GLOBALISIERUNG：
EUROPA
SEIT 1989

1989年以来的欧洲

张世佶 译

社会科学文献出版社
SOCIAL SCIENCES ACADEMIC PRESS (CHINA)

丛书介绍

"贝克欧洲史"（C.H.Beck Geschichte Europas）是德国贝克出版社的经典丛书，共10卷，聘请德国权威历史学者立足学术前沿，写作通俗易读、符合时下理解的欧洲史。丛书超越了单一民族国家的历史编纂框架，着眼欧洲；关注那些塑造每个时代的核心变迁，传递关于每个时代最重要的知识。如此一来，读者便可知晓，所谓的"欧洲"从其漫长历史的不同阶段汲取了哪些特质，而各个年代的人们又对"欧洲"概念产生了何种联想。

丛书书目

01 古代遗产：欧洲的源起
02 基督教的传播与国家的建立：700~1200年的欧洲
03 边境体验和君主秩序：1200~1500年的欧洲
04 宗教战争与欧洲的扩张：1500~1648年的欧洲
05 国家竞争与理性：1648~1789年的欧洲
06 革命与改革：1789~1850年的欧洲
07 全球霸权和进步信念：1850~1914年的欧洲
08 帝国暴力和民族动员：1914~1945年的欧洲
09 冷战和福利国家：1945~1989年的欧洲
10 民主与全球化：1989年以来的欧洲

本卷作者

安德烈亚斯·维尔申（Andreas Wirsching），生于1959年，是慕尼黑路德维希·马克西米利安大学的现代历史和当代史教授、慕尼黑—柏林当代史研究所所长，主持欧洲民主化进程、20世纪政治模式等方面的比较研究，以及相关的编辑和文献工作。

本卷译者

张世佶，中国传媒大学外国语言文化学院德语教师。研究领域主要涉及跨文化传播、德汉翻译以及德语国家区域研究。已出版《康复大地：和自然的艺术对话》《工业4.0》《希腊罗马2500年》《政治传播：理论基础与经验研究》等多部译著。

目　录

引　言 / *001*

第一章　变革中的欧洲 / *006*

第二章　全球化进程中的欧洲 / *050*

第三章　"民主的危机"？ / *078*

第四章　欧　盟 / *101*

第五章　欧洲的危机？ / *133*

结　论　哪个欧洲？ / *162*

致　谢 / *170*

参考文献 / *172*

大事年表 / *182*

注　释 / *186*

机构与组织索引 / *192*

人名索引 / *193*

引 言

1995年7月11日,斯雷布雷尼察:波斯尼亚塞族人入侵联合国部队在波斯尼亚斯雷布雷尼察镇的"保护区",进行了一场令整个欧洲惊恐万分的大屠杀。近8000名波斯尼亚男性成为此次大屠杀的受害者。这是自第二次世界大战以来欧洲经历的最严重的战争罪行。

1995年2月底,新加坡:英国投资银行经理尼克·里森(Nick Leeson)在远东证券交易中遭遇滑铁卢。多年来,他一直背着他的雇主——英国巴林银行——利用外国资本为自己的账户进行投机交易。在经历了一系列投资失利之后,他所积累的损失上升到约6.19亿英镑。非法的阴谋再也无法被掩盖,巴林这所成立于1762年的、欧洲最古老的私人银行就这样被它的一个高管逼到绝境,最终宣布破产。

2014年4月10日,雅典:得益于欧元区多年来提供的数十亿资金援助,希腊在走出国家破产后重返国际债券市场。希腊政府以4.75%的利率发行了价值约30亿欧元的政府债券。由于对希腊债券的需求远高于发行数额,利率低于实际预期的5.0%~5.25%。希腊真的得救了吗?欧元危机结束了吗?虽然政界和公众对此意见不一,但大多数人都认为欧洲金融稳定战略已经取得成功。

2014年5月2日,敖德萨:亲俄分裂分子与乌克兰民族主义者之间的冲突升级;警方迟迟未采取行动,因而造成4人死亡。亲乌克兰示威者随后袭击了一个分裂分子营地。其中许多人逃到附近的工会大楼。这座房子随即被围困并起火，造成30多人死亡。当天，敖德萨共有48人死亡，是二战之后死亡人员最多的一次冲突。尽管尚不清楚谁应该为此承担责任，但暴力冲突助长了仇恨。"种族灭绝论"在人群中传播开来，乌克兰人则指责俄罗斯特工部门的挑衅。

上述四个情节象征着欧洲最近几十年的发展跨度：欧洲大陆已经与金融市场相互依存，其中金融交易必须依靠先进的信息技术才能实现——当然也少不了欺诈和经济犯罪。与此同时，过去的黑暗势力仍然存在：帝国主义的诱惑、民族主义的死灰复燃以及种族文化驱动的仇恨、暴力和流血事件。事实上，这一切都是欧洲当下的一部分。国家和民族、暴力和交流、经济和资本、全球化和区域认同都是重要的主题。它们引发了近期出现的悖论：在保持多样性的同时推进统一，甚至增加文化差异。欧洲最近的历史便发生在这个充满辩证逻辑的场域中，下面我们将在这个框架中介绍这段历史。

尽管始终存在差异，但趋同是欧洲历史无法抗拒的强大趋势。日益增加的融合与相似性、日益密切的相互依存关系和日益丰富的共享经验为共同的欧洲提供了养分。在最近的危机背景下，这种观点可能不那么让人信服。但是，同化和趋同不应被理解为一个线性的过程，而应该被视为一个辩证的，甚至是矛盾的过程。因为在过去几十年里，不可否认的欧洲融合经常会产生与其自身相对立的趋势，而且经常受到危机论的质疑。关于欧洲的建设、进一步一体化和融合的进程，人们往往会得出与事实相悖的论断，即欧洲各部分间正渐行渐远，产生分歧甚至分裂，以及重新陷入民族利己主义甚至受到公开暴力的威胁。希腊等欧洲国家过度负债的客观过程就经常伴随着这样的危机情景。因此，在不可否认的欧洲趋同趋势与对其提出质疑的反作用力之间，存在着结构上的同步性。

趋同和危机同时发生，在欧洲历史上绝非什么新鲜事。相反，它反映了"路径依赖"逻辑。在这种逻辑中，问题只能用已知的和已经使用过的工具来解决；而鉴于伴随问题而来的成本，以及合法性的严重丧失，偏离曾经走过的道路已基本上不再可能。因此，在面向未来的欧洲理念与同时出现的欧洲"危机"这个对立面，以及通过增加使用欧洲基金来解决危机的意愿这三者之间，存在着系统性关联。就此而言，欧洲的危机无外乎来自其成员国的共同成长。

尽管在柏林墙倒塌25年后，一个新的我们"亲身经历的时代"[1]早已开启，我们对于当代历史也已经有可靠的认知，但这本书仍旧提出了一些无法作出最终历史性判断的、悬而未决的问题。例如，东欧国家转型的现状如何？经济稳定化是否成功？是否存在像匈牙利政局那样的风险？中东欧和东南欧地区能否在经济和政治上赶上他们的西方邻国，从而实现始于1989年的"重返欧洲"？此外，苏联的加盟国命运如何？尽管遭遇了种种挫折，以公民社会为基础的民主法治体系是否会随着市场经济的运转而发展？又或者，一个独立的、总统式的、依照西方标准在民主和公民社会方面存在明显不足的专制制度是否正在这里建立起来？俄罗斯帝国重建的尝试还能走多远？它们是否对欧洲的和平构成威胁？最后，也是最关键的问题：欧洲一体化将如何发展？欧元区的未来会是怎样？欧洲能否克服目前的债务危机和信任危机？

抛开这些悬而未决的问题不谈，自1989年以来欧洲历史的主线可以用民主化和全球化这两个关键词来概括。早在20世纪70年代和80年代，全世界就呈现明显的民主化和自由化趋势。在欧洲，希腊、西班牙和葡萄牙摆脱了独裁政权；在拉丁美洲，阿根廷和智利的军事独裁政权回归民主；在南非，弗雷德里克·威廉·德克勒克总统在1989/1990年以震惊世界的举动废除了种族隔离制度。东欧的剧变和大多数国家向民主的过渡，显然与这种世界历史的发展背景相吻合。欧洲一体化的历史也是在这种世界历史背景下形成的。1989年以来，欧盟就承诺在整个欧洲促进民主化进程。

与此同时，"全球化"这个自20世纪90年代和千禧年以来最经久不衰的口号也变得越来越重要。几乎没有任何其他的当代议题是以如此不同甚至矛盾的方式被人评说。救世主般的赞美常常被严厉的谴责所反击，这种谴责几乎把新欧洲的所有问题都归咎于全球化。然而，另一些人则认为"全球化"仅仅是一个流行语，对事实说明不多，反而更适合作为一种论辩上的压力手段，在话语层面推动新自由主义定义的社会政治利益。最后，人们普遍认为，"全球化"并不是一种全新的现象，而是一种全球相互依存的形式，这一形式从19世纪下半叶开始就已经在历史上为人所知。全球化的所有特征，例如国际分工的加强、世界贸易和外国生产的扩大、资本投资和金融市场的扩张、边界的开放和移民流动，本身并不新鲜。但它们在20世纪下半叶以一种不为人熟知的动态方式融合在一起。尽管存在诸多相似之处，但有很多迹象表明，自20世纪80年代以来的"第二次"全球化的历史应该被视为一个转折点。

在欧洲近代史上，有两个发展过程相互重叠，每个过程都遵循不同的时间顺序，但实际上密切相关。20世纪70年代后期以来，"后繁荣"（nach dem Boom）[2]的新历史时期便拉开帷幕。在这一时期，边界变得模糊，日益活跃的全球化使源于现代资产阶级以及苏联模式的大多数经济和社会文化确定性受到质疑甚至消失。这一过程以特定的方式塑造了20世纪80年代的东欧和西欧，并引发了新的长期而深刻的剧变。1989年的重大政治事件，即东欧剧变，最终亦被嵌入这一总体动态中。事实上，它只是其中的一部分，即使它由40年的社会主义制度所哺育且拥有独立的历史背景。

回顾1989年以来的发展情况，便可得知，那个人们曾经熟悉的西欧已经变为一个更加混乱、更加多元化、更加庞大也更加全球化的欧洲。这表明欧洲并非一成不变。正如欧洲国家以"想象的共同体"[3]出现一样，欧洲的概念也是如此。事实上，欧洲并不是一个能被客观定义的实体。相反，欧洲以空间的形式存在，并不断自我重塑，这表现为其外部边界和其内部一体化机制都在随时间改变。此外，自1989年以来，欧洲比以往任何时候都更清晰地表现为一个更大的整体，即它成了全球经济区或"世界社会"中的一个"省"，并且具备自己的运动规律。

欧洲是一个被赋予过多意义和重要性的历史空间。在互联网时代，空间概念不断发生变化；它们变得不稳定，并被重新塑造。剧变发生后，东欧空间变得没有定状，我们需要对其重新加以认识。例如"中欧"和"中东欧"之类的空间概念经历了一次复兴，开始有人使用它们指示归属，而且在语言中，新的和旧的划界的行为——例如与"东欧"和"东南欧"这样的概念对立起来——以及新构建的心理地图（mental map）开始出现。因此，本书的内容既不是百科全书式的概述，也不是对个别国家历史的补充。相反，它是以问题为导向的欧洲当代史。这其中的关键问题来自对当下的聚焦。一方面，它们总是着眼于全欧洲，但另一方面它们又以不同的方式越发专注于特定的空间。原有统治的终结当然首先是（中）东欧历史的话题；但是这种终结的原因和结果，以及（中）东欧国家的最终转变，都不会受到地理上的限制，而是会影响整个欧洲大陆。南斯拉夫的解体和南斯拉夫的继承战争，以及2014年爆发的俄乌危机也是如此。在这里，欧洲趋同的趋势和由此产生的危机也决定了我们当前的紧张局势。

第一章
变革中的欧洲

20世纪80年代初,欧洲大陆西部问题频现,人们对未来忧心忡忡。许多人甚至认为,欧洲陷入了危机四伏的旋涡,没有出路可言。苏联占领阿富汗并引起核威胁,以及1979年12月北约达成双重决议等一系列事件摧毁了缓和期的繁荣景象。欧洲似乎比以往任何时候都更强烈地经受着东西方对峙带来的撕裂,而这种对峙也开始升级为新的冷战。跨大西洋的国际关系先是在吉米·卡特执政期间因美国的软弱而受损,之后自1981年以来,相互信任持续丧失。因为欧洲人明显感受到,卡特的继任者罗纳德·里根即使没有欧洲盟友的支持,也仍然义无反顾地追求军事和政治上的强大。

在经济方面,1975年的经济衰退和1979~1982年的世界经济危机都给欧洲造成了深刻的影响。随之而来的是高通胀率、零增长、经常账户逆差、预算赤字增加和失业率急剧上升(1983年平均失业率高达10.6%)。应对经济危机的同时,欧洲还不得不面对环境的恶化:被有毒物质污染的河流、垂死的森林和被污染的空气,无一不让人触目惊心。环境的恶化似乎更加清晰地宣告了"增长极限"[1]的存在——尽管欧洲经济的繁荣迫切需要经济增长来保障。

彼时的欧洲共同体又如何呢?其成员国无法找到共识。九位国家元首和政府首脑经常在共同农业政策的小纠纷中纠缠不清。"欧洲僵化"成为当时的生动写照。

与此同时，前一个时代的社会和文化后果也显现出来。因为战后繁荣的"黄金时代"造就了新的解释模式、社会心态和生活方式，自20世纪70年代以来，个人塑造自己生活的可能性变得更丰富多样。现代化进程中十分典型的"个性化"，即个人逐渐超脱于受法律和社会文化标准规训的社会关系，再次显著加快。城市化和在西欧各地建立的消费社会改变了"需求系统"，同时也改变了人们的优先事项。在资产阶级现代性中充当方向标的、根深蒂固的社会标准开始受到侵蚀。尤其是占主导地位的性别秩序受到了永久性的挑战。一方面新妇女运动追求女性解放；另一方面，劳动世界也在发生变化，就业妇女人数大幅增加。人们不再理所当然地认为，个人生活必须符合长期以来形成的男性养家、女性持家的婚姻模式。

相应地，平均结婚年龄上升，离婚、单亲、单身、非婚姻伴侣和单亲家庭的数量也随之上升。生活形式以前所未有的方式变得"多元化"，但同时也创造了新的决策压力。新的自由带来了新的风险，事实上，个人主义不仅意味着获得自由和解放，也意味着摆脱了传统分工方式提供的安全。

难怪政治家们早在20世纪80年代就已经见到所面临的全新挑战，而在90年代更是如此。事实上，西方国家的政府面临着来自两方面挑战的夹击。一方面，他们必须应对结构性变化和日益增强的全球化趋势所带来的社会和国家财政影响。另一方面，20世纪60年代以来的社会文化变革的政治后果日益显现。失业、长期国债、出生率的下降和生活方式的个性化，永久地改变了历史进程，也越来越多地改变了民主政治的形式。

最受挑战的是社会福利国家。福利国家自20世纪80年代以来就一直存在着各种问题。事实上，福利国家的相当一部分内政争议是围绕着福利政策展开的，结构性变化的影响也在其中得以体现。例如，在整个 20 世纪 90 年代和 21 世纪初，结构性失业率始终居高不下。这主要是由于劳动力市场供需失衡，特别是下岗产业工人的知识与新兴服务业对技能日益增长的需求之间出现失衡。另外，在通过提前退休将被认定为不灵活的老年产业工人赶出劳动力市场方面，雇主和政府有着共同的利益。同时，工作时间变得更加灵活，这使公司能够根据当时的经济条件调整其生产。另外，企业和政府也愈加重视教育和培训的质量，他们尤其强调"终身学习"的理念，认为这一理念可以帮助个人增加就业机会，并使劳动者在工作期间有资格从事多种职业。然而这种工作流动性的增加也意味着工作安全性大大降低，因此，更频繁的工作变动随之发生，临时工作和无偿实习开始流行，特别是在蓬勃发展的服务行业。

在东欧地区，共产主义制度似乎可以保护人们免受这种挑战。尽管个人"从摇篮到坟墓"都受到国家的"控制"，但这也为个人幸福留下了空间；由于社会主义国家鼓励妇女就业并提供托儿所，计划生育也似乎比西欧容易开展。男性的就业也受到工业体系的保护。这一体系尽管生产力低下，却可以提供政策保障。

然而，这些政权在 20 世纪 80 年代的主要问题是其财政和经济状况。例如，民主德国在 20 世纪 70 年代消费品匮乏，只能通过进口西方商品加以弥补，资金来源则是借贷。这导致了自 20 世纪末开始债务不可阻挡地螺旋式上升。社会主义计划经济远远落后于市场经济制度，却又不得不面对民众日益增长的物质需求。

此外，大多数华沙条约国相继提出政治自决的要求。尽管政府下逮捕令加以禁止，波兰和捷克斯洛伐克依然各自成立了团结工会（Solidarność）和 77 宪章这样的组织。

1 东欧剧变和遗留问题

对于大多数同时代的人来说，1989年苏联解体和东欧剧变完全是一个意外。在很短的时间内，一个突如其来的事件颠覆了所谓的"永恒"的确定性，并加速了欧洲历史的进程，这是1945年以来从未有过的。东西方人民几乎不知道在自己身上发生了什么。至少有那么一刻，无法预知的事情似乎也无法被解释。然而，回过头看，东欧剧变似乎是一个可以被解释的过程。细思往事，1989年的剧变似乎远没有同时代人所感受到的那么令人惊讶。

毕竟，与西方国家相比，20世纪70年代以来，华沙条约国一直在与严重的经济问题作斗争，事实上，这些国家在关乎技术革新和生产力进步的全球竞争中毫无机会。在莫斯科，人们越来越痛苦地意识到，经济互助委员会（RGW）的成员国无法应对基于微电子、激光和卫星技术的西方研究和技术攻势。事实上，苏联和华沙条约国在20世纪80年代中期正走向一场经济灾难。

苏联整个国家的这种经济、政治和道德危机为戈尔巴乔夫登上舞台提供了背景。1985年3月15日，他当选为党的领导人，并且很快体现了一种"历史性的伟大"，这是在20世纪末没有人想到的，完全出乎公众的意料。当然，他的一系列做法是一个不断受到驱动的历程。最初是受到经济急剧下滑的驱动，从苏联的角度来看，这使得减轻军备政策的负担与推行内部改革的政策一样迫切。时间越长，戈尔巴乔夫就越被他自己的改革举措在国内外引起的期望所驱动。最终驱动他的则是内政上尤其是经济上的失败。这种失败让戈尔巴乔夫一再寻求国际政治舞台，并在20世纪80年代后半期成为无可争议的明星。

凭借他们的"新思维"，戈尔巴乔夫和他的顾问们想要打破社会主义阵营中的顽固思想。这位新任党领袖立即发动了前所未有的、声势浩大的改革攻势。他下令对苏联进行经济改革,在政治上坚持开放和重组。在外交政策方面,戈尔巴乔夫重新提出"欧洲共同家园"这一古老的说法,引发人们无限遐想。此外,戈尔巴乔夫还开始与美国进行全面的裁军对话。

然而,最重要的是,戈尔巴乔夫逐渐远离了所谓的"勃列日涅夫主义"。该主义宣扬社会主义国家主权有限的思想,即在事实上确立了苏联进行军事干预的主张。甚至在1980年,在很长一段时间里,人们仍然不确定苏联的坦克是否会再次出动,就像1956年在匈牙利和1968年在捷克斯洛伐克一样,入侵波兰并粉碎反对派的团结工会运动。然而,在1986年11月10~11日举行的华沙条约国的党和国家领导人内部会议上,戈尔巴乔夫强调了每个党派的独立性及其在主权范围内的国家发展问题上参与决策的权利。这样的言论出自一位苏联领导人,无疑令人震惊。两年以后,戈尔巴乔夫又在世界民众面前重申了这番言论。1988年12月7日,他在联合国大会上发表重要讲话,肯定了"自由选择原则的必要性"[2]。他指出这是一项无可争辩的人民权利,是"一项不应有例外的普遍原则"。

这种与勃列日涅夫主义的逐渐疏离,先是激发了人们的想象力,继而激发了具体的希望,最后展现巨大的爆发力。关于德国问题,戈尔巴乔夫也不止一次激发了想象力,例如,他在评论德国问题的未来时,隐晦地提到了"历史"。毋庸置疑,苏联的党领导人对1989年11月9日之后德国发生的事件感到惊讶,甚至感到意外。但他始终坚持自己的路线。戈尔巴乔夫在1989/1990年危机期间所做的一切都表明他愿意接受影响深远的变革。

与此同时,在苏联国内,响应他的人却少之又少。最重要的是,经济改革效果甚微,无法在苏联内部给戈尔巴乔夫带来人气。此外，他始终坚持自己的外交政策，即便在"苏维埃帝国"遭遇危机时也不肯偏离既定路线，这一做法让反对者深感不满。这最终导致一种几乎是悲剧性的矛盾心理：作为结束冷战并使整个欧洲的历史出现新曙光的苏联领导人，戈尔巴乔夫在苏联内部却仍然陷于问题的泥潭。

与此同时，苏联的卫星国也在努力解决自己的问题。随着外债无节制地增加，20世纪80年代的经济灾难实际上影响了所有华约国家。而这也立即产生了政治影响。党内老一辈的共产党员有不少曾直接参与镇压1953年、1956年和1968年的事件。事后，他们试图通过承诺持久改善人民的生活水平来进行弥补。捷克斯洛伐克的古斯塔夫·胡萨克（Gustáv Husák）、匈牙利的卡达尔·亚诺什（Kádár János）和民主德国的埃里希·昂纳克（Erich Honecker）就是这一政策的典范。但现在，在20世纪80年代末，东欧国家年轻一代的政治家们不能再对本国的经济和金融困境视而不见。因此，在1989年剧变发生之前，他们的政治领导精英之间就发生了分裂。

这是一个具有强烈知识分子色彩的反对派的时代。一小撮民权活动家一直在寻找通过社会主义改革或民主要求来反对当时统治的方法。但是，任何关于改革社会主义的想法都失败了，而且毫无机会可言，当我们回望那段历史时也能清晰地发现这一点。群众的自发行动给已经千疮百孔的制度以最后一击，并建立了新的秩序。这一切都以非常和平的方式进行。诚然，示威者与安全部队之间发生过冲突，也有过暴力过激行为，尤其是在罗马尼亚和苏联周边地区。然而，总体而言，1989年东欧所发生的变化可以归结为一种历史性的剧变，这种剧变是高度分工的现代社会发展的结果。这样的社会清楚地知道，他们无法长期承受自身基础设施的停滞不前。

波兰是这一进程的先锋。在维斯瓦河和波罗的海，抗议活动自20世纪七八十年代以来便势不可当，并发展成持续的群众抗议活动。

当反对派团结工会经过长期斗争于1980年合法化后，其成员迅速增加。在一次令人难以置信的高度动员中，总人口的四分之一以上加入了反对派运动。这能够得以实现，是因为在工人、反对派知识分子和天主教会之间毫无保留地搭建了桥梁，此外，卡洛尔·沃伊蒂瓦（Karol Wojtyłas）在1978年当选为教宗约翰·保罗二世，天主教会也随之获得了巨大的社会影响力。而波兰的运动是否会像它的"前辈"匈牙利和捷克一样被苏联的坦克所扼杀，在整个1981年都未有定论。其中，埃里希·昂纳克和东德领导人最明确地主张对波兰自由工厂进行以"团结"为名义的镇压。昂纳克的这种坚持表明了一种特殊的前瞻性。统一社会党领导层显然很清楚，以民族主义为基础的对当局垄断权力的广泛挑战，对其自身在东柏林的、一定程度代表国家的地位构成了威胁。

然而，苏联最终没有进行军事干预，这一点很了不起。尽管它在1980/1981年之交大规模地威胁要采取这样的措施，但并没有真正准备这样做，而是止步于波兰将军雅鲁泽尔斯基（Jaruzelski）宣布的戒严令。无论人们把这看作缓和政策的成功，还是由于莫斯科在占领阿富汗的阴影下逐渐丧失了权力，不受干预都为苏联卫星国打开了新的回旋余地。在波兰，时下政权首先被迫作出让步，早在1986年，党的领导层就开始有所松动。随着政治大赦和"协商委员会"的召开，它发出了明确的信号。而当1989年1月东欧集团历史上第一次"圆桌会议"开幕，政府和反对派在对等的基础上展开谈判时，波兰时任政权便开始走向终结。1989年6月4~18日，团结工会参加了第一次部分自由的议会选举。当时的政治气氛倾向于和解与妥协。虽然雅鲁泽尔斯基在最初的犹豫之后同意自己当选总统,但在 1989 年 8 月 24 日,塔德乌什·马佐维耶茨基(Tadeusz Mazowiecki)成为第一个当选华沙条约国政府首脑的非共产主义政治家。

东欧的转型,史无前例。尽管所有东欧国家的发展都遵循着相同的运动方向,但路径不尽相同,并分别形成了自己的逻辑。匈牙利也是如此,该党领袖卡达尔·亚诺什是镇压 1956 年事件的关键人物,他自 20 世纪 60 年代以来一直奉行有限的自由化政策。与社会主义兄弟国家的公民相比,匈牙利人在经济方面享有更大的自由度,也拥有更多的行动自由。但到了 20 世纪 80 年代中期,卡达尔的"土豆烧牛肉式共产主义"无疑已达到其经济极限。在匈牙利社会主义工人党的领导下,卡达尔以及其他守旧派的地位变得难以维持。1987 年 7 月上旬,社会主义工人党中央通过了《关于经济和社会发展纲要的意见》。该意见呼吁"社会主义民主",并指出了可能的政治转型。[3]

年轻的党员干部开始采取行动,准备逐步将卡达尔赶下台;1988 年 5 月,他终于被迫辞职。不同于波兰,匈牙利的制度转型并不是从建立一个强大的反对派开始的。相反,直到 1989 年,反对派力量仍然相当薄弱,而且组织不力。同时,共产主义政党本身也开始了转型。在日益强大的政治知识界反对派和社会主义工人党内改革派的共同压力下,这个匈牙利共产主义政党在 1989 年 5 月和 6 月废除了自己对权力的垄断,并在当年 10 月前已为多党制和议会民主铺平了道路。

匈牙利国内的这种发展同时也给德国问题带来了决定性的影响。事实上,对东德改革和生存能力的历史性考验始于 1989 年 5 月 2 日,当时匈牙利政府开始拆除与奥地利边境线上的障碍物。这最初并不意味着匈牙利与西方的边境得以开放,但它变成了一种可逾越的"绿色边界",人们可以通过捷克斯洛伐克和匈牙利等社会主义"度假国"逃到奥地利,再从那里逃到联邦德国。随着该消息在民主德国传播开来,统一社会党政权便面临着一种全新的情况。逃离匈牙利—奥地利边境的人数迅速上升到每天大约 100 人,到 8 月底,已有数千人越过边境。由新任总理内梅特·米克洛什(Németh Miklós)领导的政府班子和来自社会主义团结阵营的外交部长霍恩·久洛(Horn Gyula)也都逐步离任。即使面临自身的经济和金融问题,匈牙利也不再对经济互助委员会和苏联寄予任何期望,而是将所有希望寄托在西方的帮助上,尤其是来自联邦德国、欧共体和美国的帮助。

27　　8 月 25 日,内梅特和霍恩在波恩附近的金尼希城堡与德国总理赫尔穆特·科尔(Helmut Kohl)和外交部长汉斯 – 迪特里希·根舍(Hans-Dietrich Genscher)举行了秘密会晤,表达了他们的担忧。科尔承诺提供全方位的帮助,而匈牙利则保证,将在 9 月中旬之前向东德人开放边境。当这种情况在 9 月 10~11 日实际发生时,又有 1.1 万人通过这种方式离开了民主德国。虽然东德领导层向布达佩斯发出了严厉的抗议书,但总理科尔向匈牙利总理保证,他对其"慷慨的人道主义行为"[4]深表感谢。事实上,尽管来自东柏林的压力巨大,匈牙利政府仍然继续实行开放边界的政策。

　　尽管细节上有所差异,例如就波兰而言,不能排除天主教会的独特作用,但匈牙利和波兰代表了一种共同的转变类型,即在合作、谈判和妥协的基础上最终实现和平过渡。这两个国家都为这种转型提供了一个"共识模式",尽管在波兰,反对派作为转型的动力发挥了更大的作用。

　　东德和捷克斯洛伐克的转型则有着不同的发展路径。在这里,党内的精英们起初一直不愿面对现实,当他们终于承认经济上的困境时,为时已晚。埃里希·昂纳克领导的统一社会党直到最后都拒绝戈尔巴乔夫的改革意愿。戈尔巴乔夫本人认为这种态度是决定性的错误,甚至可以视其为顽固不化。昂纳克也以自己的方式,现实地评估了如果国家领导层批准真正的改革(例如个人行动自由),民主德国会发生什么。统一社会党领导层中的守旧派或许至少已经本能地感觉到,他们的统治最终依赖于斯大林主义的结构,并将在这种结构受到侵蚀时最终走向终结。

在捷克斯洛伐克,情况几乎没有什么不同。1986 年,布拉格之春的清算人古斯塔夫·胡萨克辞去共产党总书记职务;但他的继任者米洛什·雅克什(Miloš Jakeš)也同样属于强硬派,直到 1989 年夏天,他们都被证明是一切自由政治言论的严格反对者。在这种情况下,反对派的势力也因此不断壮大,先是在民主德国,然后在捷克斯洛伐克。在东德,自1989 年 8 月以来,这种趋势与试图向西寻找出路的难民潮有关。9 月初,民权活动人士创立了新论坛,这是一个引领性的反对运动,很快就被其他人效仿。因此,自 1989 年 10 月以来,统一社会党的领导层面临着一场名副其实的群众运动,这种运动越来越具有革命性,他们最终不得不屈服。在捷克斯洛伐克,发表于 1977 年的《77 宪章》在反对派的形成中发挥了决定性作用。尽管魅力超凡的知识分子瓦茨拉夫·哈维尔(Václav Havel)在 1989 年 2 月再次被判入狱数月,但哈维尔身上有着卓越的民权活动家精神,他们背后的政治群众运动也形成强大的压力,最终实现了突破。

以民主德国和捷克斯洛伐克为代表的过渡类型最初的特点是对抗和升级,但最终在群众运动的推动下,发生了突然的、和平的、革命性的权力更迭。10 月 4 日,德累斯顿爆发暴力冲突。10 月 9 日,当越来越多的人聚集在莱比锡的内城环路上,7 万多名示威者在至此为止最强大的"周一示威"中高呼"我们是人民"和"不要暴力"的口号时,当局不得不选择投降。

10月9日因此成为东德所谓"和平革命"的奠基神话。随后发生了一系列群众示威,越来越多的公民不再畏惧统一社会党国家机关,参加了游行。

11月初,捷克斯洛伐克也开始了第一次大规模示威。1989年11月17日是最后的转折点,在布拉格,一场官方批准的纪念1939年被纳粹杀害的学生的示威活动升级了。原本已增至1万人的人群,在即将向瓦茨拉夫广场移动时,与警察发生对峙,警察不分青红皂白地使用警棍和高压水枪,逮捕了143名示威者。结果导致一场跨越阵营的恐慌,反对派的愤怒和政府的混乱加剧了这一恐慌。然而,就像在东德一样,双方都担心暴力进一步升级。在11月17日之后的一周内,瓦茨拉夫广场和拉特纳马吉卡剧院之间举行的集会始终保持了和平的氛围,瓦茨拉夫广场也成了事件的焦点。

在此期间,巴尔干地区保加利亚和罗马尼亚两个人民共和国的革命局势日益紧张。在这两个国家,1989年的整个冬天人们都在与猖獗的贫困、寒冷的天气和供应短缺作斗争,政变仿佛是一场"虚构的革命"[5]。在布加勒斯特和索非亚,反对派都没有形成一个在政治上有组织的阵营。在正式开展民主化转型的旗号下,共产党内部发生了核心权力的更迭。此外,政治精英之间没有真正的交流。1989年,保加利亚也爆发了大规模的抗议活动,且具有强大的民族基础。毕竟,还有超过80万土耳其人居住在这个国家,这是一个占总人口10%左右的强大的少数民族。过去,索非亚政府奉行镇压政策,强迫对这一少数群体进行文化同化。1989年夏天,一项新的命名法引发了大量抗议活动,最终导致约30万少数民族成员被正式驱逐到土耳其。该政权显然试图将内部政治紧张局势转移到少数民族身上。

这里与邻国罗马尼亚有着明显的相似之处。罗马尼亚的政变始于该国最西端的城市蒂米什瓦拉（Timișoara），距离匈牙利边境不远，这并非巧合。罗马尼亚人与来自德国、匈牙利、塞尔维亚的少数民族成员及犹太人一起生活在这里。长期以来，骚扰少数族裔一直是齐奥塞斯库的统治手段之一，罗马尼亚与匈牙利之间关系紧张，也早已众所周知。匈牙利裔罗马尼亚人可以在蒂米什瓦拉轻松接收匈牙利电视节目，了解其他"兄弟国家"的事态发展。因此，1989年普遍的政治传播高潮也产生了跨国的影响。然而，罗马尼亚是唯一一个经历暴力政变的国家，并以短暂但暴力的内战告终。在这里，落后的经济和专制独裁者的个人统治以一种独特的方式结合在一起。

自1965年起任职的总书记尼古拉·齐奥塞斯库（Nicolae Ceaușescu）发动了一场自斯大林死后在苏联集团中从未出现过的个人崇拜。如果说齐奥塞斯库最初享有一定程度的人气，那么20世纪80年代他对德国和匈牙利少数民族的顽固态度，以及那些他实施的狂妄自大的大型项目，已将人气消耗殆尽。例如，在布加勒斯特，他开始建造巨大的"人民宫"，同时宣布了一项令人震惊的"定居点系统化"计划：6000个村庄被夷为平地，居民被重新安置，还建立了数百个所谓的"农业与工业中心"。齐奥塞斯库的活动一直持续到12月。但在他出国旅游、接见国宾、接受采访时，该省形势急转直下。在蒂米什瓦拉，一名匈牙利改革派牧师被威胁驱逐出境，从而引发了抵抗。他的支持者们组织了守夜和集会。12月17日，齐奥塞斯库让警察、军队和国家安全部队进驻该市。警察开火，在市中心造成了一场血腥屠杀。当然，这只会进一步加剧抵抗，并迅速发展为一场大型纵火暴乱。

齐奥塞斯库无法重新获得控制权。在饥饿和寒冷的驱使下，罗马尼亚人集体反对该政权。12月21日，全国多地示威者与执法人员发生暴力冲突，并造成了人员伤亡。在这种情况下，扬·伊利埃斯库（Ion Iliescu）领导的军队和年轻的党员干部联合起来，于12月22日推翻并囚禁了齐奥塞斯库。然而，枪声并没有沉寂下来，忠于齐奥塞斯库的安全局发动了暴力自卫。12月26日，当枪声终于停止时，全国各地有一千多人被杀。齐奥塞斯库夫妇没能看到这场短暂而激烈的内战的终结。12月25日，两人在军事法庭上被判处死刑，并被立即处决。

因此，虽然戈尔巴乔夫的改革政策改变了欧洲的坐标，但其影响最终威胁到了苏联的生存。在开放政策的带动下，政治舞台恢复了活力；反对派团体得以形成，并利用了新的言论自由。俄罗斯也出现了新的政治参与形式，自1917年以来首次出现了类似于自治的政治公共领域。但自由化产生了离心力。周边的民族运动涌入戈尔巴乔夫的改革政策造成的真空地带。民族主义成为一种自卫的工具，以对抗苏维埃共产主义的主张；同时，它也成为攻击不受欢迎的现状的工具。

正是在这样的背景下，1917/1918年之后，20世纪欧洲历史上第二次大规模分裂主义运动发生了。苏联人民以惊人的活力成立了政治国家。他们的宣言与18世纪以来就广为人知的西方建国传统直接相关。"爱沙尼亚苏维埃社会主义共和国的主权是统一的、不可分割的"，1988年11月，以共产主义改革为导向的爱沙尼亚苏维埃社会主义共和国最高苏维埃就这样开启了民族反抗的新时代。[6] 一年半后，基辅方面回应称："乌克兰苏维埃社会主义共和国在实现乌克兰民族不可撤销的自决权的基础上，在现有边界内发展为主权民族国家。"[7]

立陶宛的民族国家的建立尤其具有戏剧性。1990年2月24日和3月10日，在苏联领土上举行了第一次真正的民主选举。赢家是贵族知识分子维陶塔斯·兰茨贝吉斯（Vytautas Landsbergis）以及他领导的、争取立陶宛独立的萨尤季斯运动（Sajudis）。此后不久，兰茨贝吉斯被选为这个苏维埃共和国的第一位非共产党人总统。这一选举结果导致事态迅速发展至高潮：1990年3月11日，维尔纽斯议会宣布立陶宛独立。苏联共产党立即作出反应，仅在几天后就宣布立陶宛的独立宣言无效。紧随其后的是一场持续了大约一年的紧张战斗。早在1990年8月，苏联共产党在重新掌握主导权时，就决定在必要时动用武力。当然，这一做法必须依靠波罗的海国家的俄罗斯少数民族。所谓的亲苏"国家救援委员会"探讨了立陶宛和拉脱维亚发生政变的可能性。当他们在1991年1月真正试图发动这样一场政变时，维尔纽斯和里加都血流成河。然而，由于波罗的海国家的英勇抵抗和世界公众的抗议，以及俄罗斯内部越来越多的抗议活动表示声援波罗的海国家，苏联共产党想要扭转历史车轮的努力最终以失败告终。

戈尔巴乔夫现在发现自己陷入了一个几乎无法解决的两难境地。虽然他唯一的愿望是让苏联继续存在，但他始终坚持放弃使用军事胁迫的路线。在认识到苏联不可能靠武力团结在一起后，他把希望寄托在条约的重建上。这一条约应该建立在自愿和平等的原则上。然而，波罗的海共和国、亚美尼亚、格鲁吉亚和摩尔多瓦都在1991年3月表示拒绝加入，该计划因此宣告失败。戈尔巴乔夫最后一次绝望地试图与愿意妥协的苏维埃共和国谈判，建立一个新的、规模较小的联盟，但在1991年8月的未遂政变中被他的对手挫败。

1991年8月18日，当戈尔巴乔夫、他的家人和关系最亲密的同事在他位于克里米亚的度假屋中被捕时，全世界都屏住了呼吸。但就像两年前苏联的欧洲卫星国当局一样，苏联政变者现在回避使用公开武力。他们的犹豫为鲍里斯·叶利钦和大约10万名示威者铺平了道路，他们仅用三天便以和平的方式瓦解了莫斯科的政变。到了8月底，情况再次戏剧性地发生了逆转：政变策划者入狱，苏共被取缔，叶利钦趁机挺身而出，成为势力已被削弱的戈尔巴乔夫的竞争对手，同时也成为一个新的俄罗斯的希望灯塔。与此同时，分离的共和国抓住机会，宣布彻底独立。

1991年8月政变的失败预示着苏联的解体。于年底成立的"独立国家联合体"仍然是一个松散的集团，内部并无凝聚力。事实上，当戈尔巴乔夫在1991年12月25日辞去苏联总统职务时，他就已经失去了这个"帝国"。但在宣布辞职的电视讲话中，他可以理直气壮地声称赢得了其他更重要的东西："事实证明，国家革新和在国际社会进行根本性变革的过程远比预期的要复杂。但我们必须恰如其分地评价所做的事情。社会已经获得了自由，在政治和思想上摆脱了束缚。"[8]

因此，苏联集团几乎在一夜之间就崩溃和消失了。然而，其过去的负担仍然存在，并影响了东欧历史的未来数十年。如何处理这一遗产，从一开始就存在争议。表面上最简单的方法是将各国统治集团的主角们定罪，并且不再对其他人或事进行任何追究。罗马尼亚就完全采用了这种方式。军事法庭对尼古拉·齐奥塞斯库和他的妻子埃莱娜的死刑判决，是对宪法标准的嘲弄。它在独裁者夫妇和罗马尼亚人民之间形成了一种激进的二元论：齐奥塞斯库夺取了所有的权力，"以满足他们的邪恶利益并压迫罗马尼亚人民"[9]。即使在他被处决后，罗马尼亚独裁者也经常被妖魔化为"怪物"和"吸血鬼"，甚至被称为"德古拉"。同时，齐奥塞斯库的继任者扬·伊利埃斯库避免与他本人出身的、已不复存在的政权进行任何持续对抗。

诚然，民主结构和公民社会也在罗马尼亚逐渐开始发展。但是，除了试探性的方法，该政权的过去没有被处理，而是与齐奥塞斯库政权的记忆脱钩，然后融入后社会主义社会。事实上，直到2000年代中期，在伊利埃斯库长期统治之后，才出现了一场新的政治运动。它一方面与2004年底当选的新总统特拉扬·伯塞斯库（Traian Basescu）的名字密切相关，另一方面也与2007年初罗马尼亚加入欧盟有关。最重要的是，这一背景有助于解释伯塞斯库任期内发生的转变。他任命了一个国际历史学家委员会，该委员会于2006年12月提交了最后报告，批评自1990年以来持续存在的"系统性助长的失忆症"。[10]由此开始的对抽象的集体罪责的谴责并不等同于从法律层面对个人罪行进行追究；但关于过去政治的表述所发生的切实变化构成了未来努力的重要前提。

在保加利亚，社会主义制度的核心标志，例如格奥尔基·迪米特洛夫（Georgi Dimitrow）陵墓，已经事先被拆除；在1989年也没有发生血腥的清算。然而，在结构上，保加利亚处理过去的方式与罗马尼亚有许多相似之处。为了解释问题重重的现在，并将对未来的担忧控制在可忍受的范围内，最简单的方法是对过去定罪并加以谴责。因此，人们对托多尔·日夫科夫（Todor Schiwkow）政权进行了坚决的清算。在以菲利普·迪米特洛夫（Filip Dimitrow）为核心的第一个后社会主义资产阶级自由主义政府的领导下，日夫科夫被指控腐败和贪污，并于1992年被判处7年监禁，后来基于健康原因改为软禁。该政权的其他高层人物也被判处长期监禁。尽管这种对旧政权的惩罚性清算看起来很有力，但它几乎无法保护保加利亚不受过去的沉重负担的影响。相反，在20世纪90年代，旧政权阴影的持续时间和已解散制度的持续有效性几乎与该政权主要代表被判刑的严厉程度成反比。因此，前共产党立即以保加利亚社会党的身份重新走上政治舞台。改革派共产党人自己在剧变中发挥的核心作用以及由此带来的组织连续性，使他们即使在不稳定的民主条件下也能发挥主导作用。早在1990年，然后是在1994年，他们就以43.2%的选票取得了令人瞩目的选举胜利。1994年至1996年底，然·维德诺夫（Žan

Videnov）执政的社会主义政府结束了积极清算过去的政策。此外，在原社会主义圈子的基础上出现了一些非法组织，对于其中一部分，国家采取容忍态度，而对其他的则无能为力。结果，腐败和黑手党式的结构塑造了保加利亚的经济和社会。旧的名流和新的资本主义结合起来形成了不透明的网络。

因此，罗马尼亚和保加利亚的例子相当明确地表明，判处旧政权的高层政治家，并将他们与善良的"人民"彻底对立起来，并不能说明对过去进行了持续的反思。相反，当最终只是用象征性的行为"勾销"了过去，同时又允许旧政权的干部或多或少不受阻碍、系统性地继续工作时，这种做法几乎是适得其反。只有当"正视过去"的工具被应用于那些曾代表和支持旧政权、曾与之联结或曾以其他方式为其服务的人时，它所带来的复杂的政治、法律和道德问题才变得明显。这涉及的不仅仅是个别的"犯罪"主角，而是成千上万的人。

通常情况下，具体的个案无法得到简单的定性。这既有可能会像罗马尼亚长期以来的情况一样，促进集体的无罪推定，也同样可能导向普遍的、系统性的有罪假设。正如瓦茨拉夫·哈维尔强调过的那样，他不想免除任何人的责任和罪行。他的这种说法接近于集体有罪论，并使人们难以审定个人的责任。无论人们对哈维尔看法如何，话题的复杂性都没有因为那些受到旧政权损害的人的合理愤怒而改变，他们强烈要求对齐奥塞斯库的独裁统治进行政治和法律上的重新审视。

在所有的后社会主义国家中，重新统一后的德国从政治和法律两方面对前东德犯下的不公正行为进行了深入和全面的研究，可以说是意义重大。随着1991年第一版《斯塔西档案法》的通过，以及前斯塔西雇员和统一社会党的官员被逐出公职系统，联邦共和国制定了一个国际标准，而这是所有转型国家都未曾实现的。尽管这一标准的细节和范围始终存在争议，但它之所以能够实现，首先是因为"旧"联邦共和国的宪法制度不受东德过去的影响。其他转型国家没有这样一个来自外部并被赋予行政和立法权力的"西方"权威。相反，他们需要独自面对自己的过去。与德国相比，这可能使接受过去的过程更加自主，但绝不意味着会少些痛苦。

相比之下，对前政权受害者采取的平反措施则进行得相对顺利。各地都敏锐地感觉到，有必要迅速采取行动，而那些受旧政权迫害的人也有权在有限的国家财政框架内尽可能地获得物质赔偿。几乎所有后社会主义国家的议会都在很短的时间内通过了自己的平反法和赔偿法，也充分体现了这一点。

更加困难、痛苦和有争议的是对施害者的法律处理。起初，处理过去遗留问题的方式一直受到1989/1990年转折的妥协方针的影响。特别是在波兰、匈牙利，还有保加利亚，旧政权已经被改革派共产党人和反对派民权活动家的联盟推翻。改革派共产党人、持不同政见者，以及反对派团体共同踏上了通往新时代的天桥。这座桥梁没有为深入到个人罪责细节的、广泛而深刻的，甚至涉及司法层面的历史反思留下余地。

在这种情况下，塔德乌什·马佐维耶茨基在1989年9月第一次政府声明中宣称要给过去的历史画一条"粗线"①。画出这样一条"粗线"，不仅意味着与过去的决裂，而且表明了让现在和未来尽可能不受过去影响的决心。在波兰，这是为圆桌共识、与改革派达成的临时联盟以及为动荡时期的有限和平所付出的代价。

另一个让许多人回避对过去政治进行详细讨论的原因是受害者和施害者之间复杂且难以界定的关系。在审视个别细节时，界限往往变得模糊不清。那些曾以某种方式代表该政权或

---

① 指将过去发生之事一笔勾销，在各方力量之间寻求和解与平衡。——编者注

曾与之合作的人有着过于多样化、过于模棱两可，而且往往过于零散的生平记录。在处理国家安全档案并考证其可信度时，这一点尤为明显。一方面，这些档案是历史和犯罪证据的最重要来源。另一方面，不少人认为用压迫者的声音来判断过去在客观上存在问题，甚至在道德上应受谴责。

最后，伟大的捷克作家米兰·昆德拉的例子表明，国家安全局的档案可以产生深远的影响。2008年10月，一位正在研究秘密警察文件的捷克历史学家指责昆德拉在1950年向国家安全部出卖了一位同志。这一事件很快在国际上引起轰动。消息来源的可靠性再次成为讨论的中心。昆德拉本人愤怒地驳斥了这一指控。对其他人来说，曾经的阴影依然存在，这一切无不提供了绝佳的条件，让人们从政治上将经久不衰的历史话题工具化，并将其用作打击政治对手的武器。因而从一开始，就有足够的理由和论据反对对旧政权的过往进行毫不留情的"强硬"追究。但无论转型社会选择哪条道路，过去阴暗的幽灵都无法被驱散。

捷克人试图以最深刻和最持久的方式清算他们的历史。在前东欧国家中，捷克有着特殊的地位，对前政权持有者采取了较为严厉的措施。[11]

然而，在捷克斯洛伐克，事实证明，要确定哪些人的行为应受到具体谴责乃至属于"犯罪"，是极其困难的。这方面的法律依据是1991年10月颁布的《肃清法》。这部法律规定对嫌疑人进行"筛选"。它禁止所有旧政权高级官员、国家安全部门的雇员和线人在五年内从事公共活动，并禁止他们在此期间担任任何国家职务。民意调查和政治研究表明，这条路线得到了大多数人的支持。一方面，这增加了对旧政权精英的道德压力，但另一方面，这也加大了滥用政治来"清算"个人恩怨的可能性。捷克的例子说明，在事件发生后短时间内就公开处理过去的不公正现象,不可避免地会造成痛苦。过去的正义,似乎只能以新的不正义为代价来获得。

因此,在其他国家,关于过去政治的讨论以及针对前共产党员的立法措施明显更加克制,也就不足为奇。最初,这也适用于斯洛伐克共和国。在弗拉迪米尔·梅恰尔(Vladimír Mečiar)的领导下,立法越来越回避肃清,即对公民进行系统审查的做法。在与捷克共和国分离后,肃清的做法被彻底弃用。即使是在波兰和匈牙利,由于新旧政权之间的人员延续性较强,对旧政权的清算最先在政治议程上被降到较低位置。

只有波兰早在1989年11月就废除了可恨的秘密警察,尽管这不是政府的措施,而是基于议会的倡议。直到1991年10月第一次自由选举产生的扬·奥尔谢夫斯基(Jan Olszewski)的保守派基督教政府,才将与旧政权和解作为最高优先事项之一写入政治方案。奥尔谢夫斯基在他的政府声明中解释说,出于"道德上的需要",出现了"对过去的罪行进行清算的假设"。我们不要集体责任,而是要对具体决定负责。那些为了自己的事业而做出违背国家利益的行为的人,如果因此而受到惩罚,不应该感到惊讶。如果我们要宽恕,也要知道我们宽恕了谁的什么罪行。[12]

这就是许多波兰人希望避免的、痛苦的辩论的开始。如同在捷克共和国,特务档案的重要性问题成为人们关注的重心。销毁或者随意清除档案的做法使得波兰档案的可检索性较差,很难有效开放档案。几项关于《肃清法》的提议也都无疾而终。直到前共产党人亚历山大·克瓦希涅夫斯基(Aleksander Kwaśniewski)在1995年击败莱赫·瓦文萨当选总统时,这个话题才重新被提上议程。最后,对旧政权复辟的担忧促使该法在1997年获得通过。但这一法案的颁布为时已晚,未能及时阻止前政客们获得职位和授权。它的作用实际上在于公开过往事实,对于这些事实,每位社会成员都有自己的评判。

如果认为关于过去政治的讨论由此结束,并且已经达成了阶段性的明确结论,那可是大错特错。恰恰相反,波兰的第一部《肃清法》打开了潘多拉魔盒,并将讨论推向了21世纪。1998年3月,"团结工会"的一个保守派天主教分裂团体"团结选举行动"(AWS)向议会提交了一份决议草案,要求进一步对历史进行清算。"团结选举行动"希望将波兰人民共和国打造成一个刑事系统,同时要求"正义、纠正不公判决和惩罚罪犯"[13]。这一举措引起议会的强烈抗议,并引发了愤怒的辩论。

十年后,卡钦斯基双胞胎兄弟遵循了同样的传统。2007年4月,总理雅罗斯瓦夫·卡钦斯基(Jarosław Kaczyński)的民族主义政府颁布了新的肃清法,旨在迫使70多万名记者、科学家和其他公众人物宣誓申明他们与波兰特勤局之间存在联系。诚然,卡钦斯基兑现了竞选承诺,并契合了民众的不满情绪。但新法律不仅激起了许多知识分子的愤怒抗议,其中包括像布罗尼斯瓦夫·格雷梅克(Bronisław Geremek)这样受人尊敬的后社会主义的代表,它还被自由派外国媒体批评为"约瑟夫·麦卡锡的女巫狩猎"。[14]该法案通过后不久,波兰宪法法院宣布新的《肃清法》违宪,并推翻了这一法案。

因此,过去的历史以及从政治上处理这段历史的做法也给波兰带来了痛苦。最终,圆桌会议只能作出不再追究过往的妥协,尽管这样的妥协缺乏民主的合法性。特别是,当时转型期的行动者没有成功地将他们的历史版本和富有他们个人色彩的记忆文化作为官方反思过去的一种标准答案,在多元化的波兰社会进行推广。正是因为它们的不同,捷克和波兰的道路才具有示范意义。两者都表明,在任何情况下,后社会主义社会都不能免于对他们的过去或隐藏在其中的罪行进行讨论,而且这样的讨论既难以开展,又让人痛苦。

2 民主与市场经济

尽管所有后社会主义国家都背负着沉重的历史负担,但华沙条约国的"世纪选举"[蒂莫西·G.阿什（Timothy G.Ash）语]却伴随着感慨和热情。在1918/1919年和1945~1947年之后,中东欧和东南欧的人民进行了第三次"民主"尝试,与过去不同的是,这一次的"自由"不需要以流血和战争为代价。但这再次证实了在革命动荡时期,希望和失望、欢欣和幻灭是多么紧密地联系在一起。不仅在把自己组织成"新联邦州"并在1990年10月3日集体加入联邦共和国的东德地区,一开始的热情逐渐消退,其他后社会主义国家的人民和政治家也很快就意识到,过渡时期的梦境恰恰在必须具体塑造自由的地方结束：社会必须有序,政治结构必须得以建立,经济风险必须加以权衡和限制。毫无疑问,这必须在被解放的或新建立的民族国家的框架中进行。东欧人民将其社会主义政权的解体与民族的意外复兴联系在一起。几乎在东欧的任何一个地方,对国家政权的依赖都以意识到它能确保政治和文化的进步为前提。当西欧将克服狭隘的、以民族国家为导向的政治提上日程时,"民族"在中东欧,更不用说在那些苏联的继承国内,却再一次获得了进步概念的地位。

然而,与此同时,重要的是要促进多样性的文化,允许不同的文化、宗教、地区或民族团体在同一个国家内生存,并给予他们足够的自由空间。多元主义民主的老难题,即"整体"被"特殊"所粉碎的危险,现在已经蔓延到了欧洲大陆的东半部。事实上,东欧和中欧国家已经（而且仍然必须）补上西方在一两百年前就完成（或者说"忍受过"）的发展历程。国家、民主和多样性必须得到调和,并被赋予新的宪法形式,所有这些都是在旧政权对政治文化影响长达40年的背景下进行的。

这种努力造成了难以愈合的裂痕，当这些裂痕像在1992年捷克斯洛伐克被分成两个独立国家时那样和平地得以消除时，人们自然感到欣慰。20世纪90年代在南斯拉夫和后来在乌克兰爆发的民族文化对立要剧烈得多，这些对立最初以内战的名义阻碍了和平发展。

然而，在大多数后社会主义国家，组织多元化和民主决策过程是有可能实现的。尽管这项任务不可避免地造成了各种困难和摩擦，但有一点是明确无误的：对西式民主的无保留的向往没有受到任何主要政治力量的质疑，是转型阶段最显著的特征。可以说，1989年后的欧洲身份是一种民主身份，在此之外，不论是独裁、专制，还是民族主义或乌托邦的替代方案都没有能持久的机会。事实上，东欧人民理所当然地以社会主义之前的欧洲，即西方自由主义的宪政传统为导向。所有后社会主义国家，包括南斯拉夫的合法继承者，都给自己制定了符合这种传统的宪法。

46 后社会主义国家对人的尊严和法治、财产制度和多元民主给予法律承认，表明了东西方国家之间素来是存在一些共性的。乐观地看，欧洲共同的宪政文化在这里发挥了作用。然而，在这样一种共同的法律文化的基础上，出现了严重的差异，而且从一开始，一些历史悠久、地理范围清晰可辨的群体就凸显出来了。民主认同的形成过程在第一个历史地理区域那里获得了不可抗拒的动力，该区域包括欧洲中东部国家，尤其是波罗的海国家、波兰、捷克斯洛伐克和匈牙利，斯洛文尼亚自1991年独立以来也被包括在内。与被打断的早期传统的联系在这里清晰可见。尝试与早期的民主重新建立联系的想法始终发挥着核心作用。

欧洲共同的宪法文化的影响也不断延伸到第二个历史地理区域，也就是欧洲大陆的东南部地区，尤其是保加利亚和罗马尼亚。尽管这两个国家都与中东欧邻国一起通过了民主宪法，但索非亚和布加勒斯特的社会结构仍然很脆弱；贫困、高犯罪率和腐败继续伴随着民主的重建。

第三个历史地理区域由独联体国家俄罗斯、乌克兰和白俄罗斯组成。与东欧和中欧的邻国不同，苏联的继承国几乎没有任何独立的民主和公民传统。因此，苏联的继承国建立了一种半总统制甚至是由总统主导的制度，这绝非偶然。一方面，国家政治意愿在总统身上的体现和个人化鼓励了向集权主义的转变。俄罗斯的情况就是如此，首先是叶利钦，然后是普京；白俄罗斯的卢卡申科也是如此。另一方面，总统原则隐藏了反对公民社会多元化发展的前民主时代的统一意识形态。因此，独联体国家的"半总统制"政权有一种专制倾向，再加上司法机构不作为导致政党、协会和媒体的公然软弱，使这一制度至今仍处于欧洲共同宪法法律及其文化渊源的边缘地带。

与之不同的是，在第一个历史地理区域中的东欧国家以及第二个历史地理区域中的东南欧国家中则表现出民主的巩固，因此最初存在的"半总统"倾向很快就消失了。随着宪法实践的增加，议会原则得到了巩固，这也表现在一系列实质性的宪法改革上。波兰（1997年）、斯洛伐克（1999年）、克罗地亚（2000年）和摩尔多瓦（2001年）的宪法修订限制了总统的权利，并巩固了代议制。

到1991/1992年，东欧国家已经完成了政治转型阶段，起草并通过了民主宪法。与此同时，政治和社会气候也发生了变化。宪法的通过与人口下降的趋势相吻合。也许不可避免的是，在动荡的兴奋之后，是艰难的整合带来的清醒。最早体会到这一点的是最初加入的革命者和改革者。为数不多的民权活动家精英——作家、科学家和其他知识分子——在准备1989年的剧变中发挥了决定性的作用。至少，他们中的许多人坚信，自己发挥了主要的历史作用。然而，自1990年以来，他们只能发挥微弱的作用。东德的"新论坛"（Neues Forum）和捷克斯洛伐克的"公民论坛"无不叫人失望。就连骄傲的团结工会也是如此，它尽管在波兰的工人和知识分子之间建立了一座桥梁，但也因为其内部矛盾而瓦解。在1990年12月的总统选举中，为新波兰赢得选民授权的不是塔德乌什·马佐维耶茨基这位敏锐的知识分子，而是莱赫·瓦文萨，他对民族团结的呼吁在许多人看来是民粹主义的、反多元化的和粗暴的，并且充满对权力的渴望。

广大选民现在也就自然而然地声称自己在政治上发挥了主导作用，这就改变了政治议程。经济问题、恐惧和欲望变得至关重要。这对有才华的民粹主义者和政治专家而言是有利的，他们现在负责组织政党和政府，并将政治作为他们的志业。

因此，在20世纪90年代初，一种由幻灭和不满情绪引发的广泛的萎靡不振似乎在新成立的后社会主义国家中蔓延。然而，这绝不仅仅是因为民权活动家的失望；相反，广大公民自己也很失望，民众对民主和自己政府的认可度大大下降。东欧人民深受日常经济问题的困扰，不得不放弃迅速改变局势的希望。

议会选举的参与率惊人地下降，1990年匈牙利只有63%，1991年波兰只有43.2%。但令人惊讶的是：尽管有近一半的选民缺席并表示了不满，但新宪法仍以压倒性优势发挥了作用，政党制度在20世纪90年代也趋于稳定。尽管实践民主的第一步是痛苦和令人失望的，但它总归是朝着正确的方向迈出了步伐：诚然，在这条道路上，不能回头，也没有其他选择，但时间越长，它就越来越成为一条康庄大道。今天它正在整个欧洲创造一种新的民主"路径依赖"。

而民主进程启动伊始便带来幻灭感，很大程度是因为广大民众的经济状况相当糟糕。在1990年和1991年，中东欧新民主国家中的负面趋势以一种几乎令人震惊的方式积累。在国内生产总值大幅下降11.6%~16.4%的背景下，实际工资降幅达25%，消费价格也几乎不受任何抑制地迈向通货膨胀。

但是，什么经济政策可以取代破产的计划经济？这是拥有毁灭性的生产力积压的转型国家面临的非常棘手的问题。1989年，捷克工业的劳动生产率为西德的30%，附加值为18%。匈牙利在这两方面的相应数字是44%和20%。政治动荡无情地暴露了这种差距。因此，事实证明，通过有效的市场经济巩固民主，使人们在物质方面也能看到希望，几乎是一项势在必行的任务。每一种经济政策的选择都面临着双重困难：一方面，必须对经济政策秩序进行或多或少的全面重组；另一方面，社会主义的内部"市场"几乎在一夜之间消失殆尽。过去，后社会主义国家长期依赖于正在消失的互助委员会的具体国际分工，没有可以在世界市场上销售的产品，因而对共同经济区的崩溃毫无准备。

原则上，西方市场经济秩序的三种类型孕育了适合自身的模式，例如瑞典的社会民主模式将平等主义的福利国家与高工业生产力相结合。它的特点是国家干预主义、巨大的福利成本和高税率。它不太可能成为转型国家的典范，大家都知道这些国家仍然面临着在生产力方面拼命追赶的艰巨任务。与之相比，德国的"莱茵资本主义"模式则更为合理，在这一模式中，影响力巨大但又十分灵活的国家行为成就了福利市场经济。在德国，市场经济并不意味着"自由放任"，而是在一个既复杂又灵活的立法和共同决策、利益团体和社会保障的框架内进行的。在这种模式的主导下，从1990年起，东德经济便成功融入了统一的德国，这在它的中东欧邻国看来是值得羡慕的。

最后，英美模式建立在狭义的国家活动、低监管密度和相应的大自由空间的长期传统之上。1980年代，撒切尔和里根政府以"新自由主义"的名义对这一模式进行了革新，并凭借救世主般的热情将其向前推进。1990年前后，该模式无疑成了全球赢家。此外，如果考虑到美国人在世界银行和国际货币基金组织等重要的国际经济和金融组织中的主导作用，那么英美模式（或诸如此类的模式），最初在中东欧转型过程中承担了最重要的榜样功能也就不足为奇了。

那些选择英美模式作为发展道路的人，主张需要"休克疗法"或资本主义"大爆发"。这样的选择最早发生在波兰，也在那里持续得最长久。1989年9月提出的"巴尔采罗维奇方案"（Balcerowicz-Programm）设想以最快的速度过渡到"真正的"市场经济。其核心要素是广泛实现价格自由化，同时严格控制货币供应量，并采取严苛的利率政策，以尽可能迅速和持续地打击通货膨胀。在监管政策方面，该方案旨在建立有效的市场和竞争结构，并迅速实现大型国有企业的私有化。该方案还毫不妥协地取消补贴和对税收制度进行根本性改革，旨在恢复国家财政，使兹罗提可以自由兑换，促进对外贸易并实现向外国投资者开放。

虽然该方案无法掩盖可以预见到的后果，即价格上涨、实际工资的损失、生产的损失以及失业，但这是为实现制度的根本性变革所必须付出的代价。

在捷克斯洛伐克，瓦茨拉夫·克劳斯（Václav Klaus）追求的目标基本相同，他自称是新自由主义经济学家弗里德里希·奥古斯特·冯·哈耶克（Friedrich August von Hayek）和米尔顿·弗里德曼（Milton Friedman）的忠实追随者。在匈牙利，自由主义的经济"休克疗法"倡导者也追求同样的目标。诚然，它造成的痛苦远比其主人公所承诺的要严重和持久。在转型的最初几年，国家财政的赤裸裸的数字只暗示了远处正在发生的事情的戏剧性。从1990年到1992年,波兰和捷克共和国的国内生产总值分别下降了18.2%和21.7%,工业生产总值分别暴跌了38%和36.3%。与高通货膨胀率相对应的是实际工资的大幅下降。匈牙利、斯洛伐克和其他转型国家也有相似的数字,但没有任何地方能像波兰和捷克共和国那样,将休克疗法的社会后果如此明确地归咎于政府的政治方针。此外,大家很快便意识到,强制私有化政策并没有让广大民众受益,最终受益的只是少数人。

这种事态发展的背后是巨大的个人痛苦,毫无疑问,这会影响政治情绪以及人们对新的民主制度的态度。但经济发展绝非像一些批评家所担心的那样呈直线下降趋势。相反,东欧转型国家政治长期稳定的关键在于经济复苏。尽管最初几年的经济衰退影响巨大,甚至对许多人来说是悲剧性的,但不可否认的是,自1993年以来,情况已经开始好转。国内生产总值的发展逐渐转入稳定增长的轨道。通货膨胀率和失业率都有所下降,而对外贸易和外国直接投资的数量也大幅增加。实际收入和生产水平也在同步增长。

在这方面,20世纪90年代中期和后期对东欧经济转型的评估是矛盾的。站在不同的角度和立场,我们既可以强调积极的方面,也可以强调有问题的方面。因此,欧洲的分裂有可能在维斯瓦河和伏尔加河之间维谢格拉德在经济、政治上仍然不稳定的后苏联地区和正在准备"重返欧洲"的维谢格拉德国家(波兰、匈牙利、捷克斯洛伐克)之间发生。因为在这里人们可以看到政治稳定和经济稳定之间存在明显的平行关系,而这恰恰是许多人所不希望看到的情况。这是加入欧盟的前提和基础,也激发了人们对此未来的设想。同时,不可否认的是,转型产生了赢家和输家,并以一种前所未有的方式使社会两极分化。贫穷和无望就像是现代性内核中的"常客",并且久久不肯离去。同时,新的不稳定的征兆，甚至就业者履历中的"波折"，逐渐显现于西方各大经济体，后社会主义国家当然也无法幸免。

所有这些都是自由风险的一部分，它明显地影响了正在转型的社会。事实上，大肆宣扬"重返欧洲"并不是没有代价的。相反，人们面临着强大的"同时性困境"[15]，即必须同时在政治以及经济和文化等多方面进行改革。这些任务要求人们每天在细节上进行艰苦的钻研，同时也造成了失败的经历以及无数次的失望。的确，政治和社会文化的动荡使数百万欧洲人的适应能力受到了严峻考验。这最初涉及对所有价值的重新评估。昨天被认为是天经地义的、正确的东西，到了今天就可能是根本性的错误；在旧政权下盛行了几十年的经济和社会道德，几乎以令人震惊的方式被取代。在社会主义制度中，底层人士相互间往往非常团结，而且许多人认为这是人类"温暖"的表现。同时，国家在其宣传的自我形象中，规定应满足人们的基本需求，如工作、住房和食物。这种形式的"道德"确实是一个特定系统的产物。在剥夺个人自由的同时，它也保护了个人免于风险。但新的经济秩序却让很多人感到被排斥，同时认为它造成了道德价值观和人与人之间联系的丧失。

数以百万计的民众并不认为改造后的系统是属于他们的，也不认为这一系统是最好的。在一个两极分化极快、范围极广的社会中，财富突然与赤贫一起出现，新的"寡头"掌权，因此出现任何怀疑转型意义和目的的想法都不足为奇。在混乱的体制变革中，只要不对旧政权干部设置不可逾越的政治障碍，他们便具有战略优势。他们拥有从官僚权力中心获得的行政经验、管理素质、个人网络和知识优势：所有这些要素在市场经济的社会条件下也可以被有效利用。

在保加利亚和罗马尼亚等一些国家，关键职位上精英的连续性相对较强。在其他转型国家，人们也观察到前政治精英逐渐回归经济、社会和政治权力中心。根据波兰1993年的一项研究，波兰和匈牙利近三分之一的政治精英由前共产党干部组成；在俄罗斯，这一数字为83%。私营经济部门的相应数字更高，其中波兰的精英被招募的比例为57%，匈牙利为66%，俄罗斯为53%。

除捷克共和国和斯洛伐克外，现在转型为民主社会主义政党的前共产主义政党能够与不同的抗议潮流和大众心理相结合，并取得巨大的成功。和在匈牙利、波兰和保加利亚一样，他们通常给自己设定一个倾听弱势群体声音的社会政党形象，乐于向那些没有从经济变革中受益的人伸出援手。前共产党人再次组阁政府，如在保加利亚和匈牙利；或再次当选国家总统，如在波兰。尽管最初的政治非常不稳定，但后社会主义国家的民主并没有受到根本性的质疑，这仍然是一个令人惊讶的现象。

在这方面，对转型的评估也有所不同。在欧洲最东部地区，俄罗斯、白俄罗斯和乌克兰在发展中遭遇的问题似乎最为严重。对模糊的前景产生的乐观情绪与彻底的悲观情绪在观察者中交替出现：已经引入的改革由于水土不服而失败，贫困和非正规经济有增无减，而富有的商人则合法或非法地从本国撤出资本。第二个历史地理区域——东南欧——也存在很大的不确定性。这里普遍存在的问题是腐败、类似黑手党的组织、权力的滥用以及财富集中在少数人手中。

即使是最靠近西方的国家，20世纪90年代中期的局面也是喜忧参半。诚然，这里的国家比东南欧和独联体国家有更好、更有利的条件，因为它们1939年以前就有独立的民主传统，社会多元化开始得比较早，在地缘政治上接近西方，而且从90年代中期开始，加入欧盟的前景就已经形成。捷克斯洛伐克、波兰和匈牙利在1991年2月的《维谢格拉德协定》中确认了这种与欧洲在政治、经济和文化上的密切关系；欧盟和欧洲复兴开发银行在其关于转型国家的定期报告中证明了这个最靠西的历史地理圈的国家正在逐步"为融入欧洲作好准备",也符合这一目标。与之相比,直到 21 世纪初,仍有评价者对转型过程提出极为严厉的批评,它们突出了系统性变革的功能障碍。例如,2004 年,波兰社会学家玛丽亚·雅罗斯(Maria Jarosz)就她的国家的转型过程发表了一份毫不留情的评估。据她说,"当权者的原罪"是不加批判地将西方市场模式移植到波兰。一边是从过去继承下来的国家结构,另一边是对资本主义逐利本性的追捧,二者相融,给人们带来了一个尤为棘手的难题。因此,波兰具有一个双重结构,具体而言,这意味着它作为一个国家,却有着"制度性的不负责任和获得批准的无法无天的状态"[16]。然而,即使是雅罗斯也不能否认,经过多年的结构调整,波兰已经成为一个自由和民主的国家,经济不断发展,并坚定地融入了欧洲。

这在很大程度上取决于究竟更关注风险、不良发展和危险,还是更关注自由、机会和成功。每个转型国家都对这两个方面深有体会。因此,对转型国家的评判无疑会模棱两可,甚至成了有目共睹的悖论。无论如何,值得注意的是,转型在很大程度上是和平进行的,而 1990 年以来的许多担忧并未得到证实。除了立陶宛、拉脱维亚和罗马尼亚的暴力冲突,该地区没有发生任何重大动乱。与此同时,具有民族文化背景的暴力冲突主要转移到了外围。一方面,高加索地区苏维埃政权的削弱引发了暴力的螺旋式上升。早在 1988 年,亚美尼亚和阿塞拜疆之间在纳戈尔诺-卡拉巴赫的争端就已显现;之后,在俄罗斯与车臣的战争又显示了暴力的升级,并继续为格鲁吉亚—奥塞梯—俄罗斯冲突蒙上阴影。近期,俄乌冲突也备受关注。[①] 另一方

---

① 本书德文原版出版于 2015 年,此处所指为 2014 年的俄乌冲突。——编者注

面，巴尔干地区发展成前所未有的暴力温床。20世纪90年代南斯拉夫发生解体，再次展示了欧洲部分地区永久"巴尔干化"的可怕前景。

3 1991~1999年：战争再度爆发和南斯拉夫的解体

冷战的结束造成了新的不稳定性，甚至将战争带回了旧世界，这对欧洲人的打击更大。当欧洲大陆的东部中心正在稳定并日益形成凝聚力时，一场几乎是"史诗级"的悲剧却在其边缘地区展开。1991~1999年，南斯拉夫陷入了一场20世纪末其他欧洲地区都不曾经历的灾难。超过10万名南斯拉夫人被杀，数百万人被强奸、受伤和流离失所。几十年来，有些甚至是几个世纪以来作为邻居和平相处的社区现在突然互相倾轧。

造成这种情况的一个决定性原因是，长期存在的冲突走向"种族化"，而南斯拉夫各共和国争取独立又进一步加剧了这种冲突。从20世纪80年代中期开始，各共和国首先陷入了严重的经济和金融危机，随后又很快陷入真正的系统性危机。已经写入1974年南斯拉夫宪法的地区和共和国此时开始强调各自的新身份，而这些所谓的"新身份"无疑在既往历史中是为人们所熟知的。特别是较富裕的斯洛文尼亚共和国和克罗地亚共和国，它们在物质上不再想分享已经萎缩的"蛋糕"。结果便是随着经济水平的急剧下降，民族凝聚力也迅速丧失。在一个较小的范围内，并且就像电影快镜头一样，一些在苏联统治的东方集团中发生过的事情在南斯拉夫迅速重演：外围地区反对被认为失去合法性的中心地区。与其他共产主义欧洲国家一样，尤为突出的口号是"国家、地区和文化"。经济上的种族化以及由此产生的政治分歧走上了灾难性的道路。

正如在东欧其他转型国家一样,"民族"也被认为是南斯拉夫进步的决定性因素。似乎只有它才能保证安全,才能将人民从约束中解放出来,并充分代表其利益。因此,政党组建和民主选举再现了民族对立,而原本的首要问题,比如在联邦国家框架内要解决的问题,则被置于次要地位。1989年,母亲是塞尔维亚人、父亲是克罗地亚人的波斯尼亚音乐家戈兰·布雷戈维奇(Goran Bregović)说道:"没有人愿意再做南斯拉夫人了。""人们想成为塞尔维亚人或克罗地亚人或斯洛文尼亚人。"[17] 这种自我认知在整个南斯拉夫蔓延,也以一种非常具体的方式影响了塞尔维亚人。他们不仅是塞尔维亚共和国本身最大的人口群体,而且在其他所有共和国中,也称得上一个强大的少数民族。

在这种情况下,前共产党员斯洛博丹·米洛舍维奇(Slobodan Milošević)晋升为塞族国家领导人,并享有越来越高的知名度。米洛舍维奇将幸存的转型前结构与开放的大塞尔维亚民族主义联系起来。这种诉诸"国家"的做法也成为东欧和东南欧其他国家形成新身份过程中一种久经考验的手段。然而,南斯拉夫本不是一个自给自足的民族国家,却在20世纪上半叶形成了一种"民族国家"的形象,使这种转型和民族主义的混合体具有特殊的爆发力。米洛舍维奇知道如何通过一种清晰的、宣传性的语言和具体的目标来说服他人。第一步,他想确保和扩大自己的权力地位,好能控制整个塞尔维亚共和国。伴随而来的是对机构的清洗和个人崇拜的抬头。第二步是恢复塞尔维亚对属于塞尔维亚的黑山和科索沃这两个半自治省的控制。这已经暗示了对铁托1974年宪法的反对,该宪法至少在纸面上给予各共和国一定的独立性。米洛舍维奇希望取消宪法,从而扩大塞尔维亚在整个南斯拉夫的统治地位。最后一步是巩固塞族统治的南斯拉夫共和国,并通过"有控制的民主化"来加强它,以便它能在21世纪的世界中拥有强大的国际地位。

米洛舍维奇只实现了他计划的第一步,即对塞尔维亚共和国的控制。甚至在自治省实施塞尔维亚特权的尝试也遇到了难以克服的阻力。他所取得的"成果"只能是国家崩溃和内战。斯洛文尼亚是第一个。组成共和国的人口基本上是同质化的,传统上对中欧有着强烈的吸引力。在其中央委员会主席米兰·库昌(Milan Kučan)的领导下,斯洛文尼亚共产党启动了类似于匈牙利和波兰共产党的改革进程。到1989年,它已经成功地从一个共产党政权转变为多党制国家。第一次多党选举于1990年4月举行。库昌成为共和国的第一位民选总统,1990年12月,约88.5%的斯洛文尼亚人在全民公决中投票支持组成共和国的主权。1991年6月25日,斯洛文尼亚和克罗地亚议会宣布其共和国独立。

仅仅两天后,即1991年6月27日,现在几乎完全由塞尔维亚人组成的南斯拉夫联邦军队进入了斯洛文尼亚,并试图控制这个分离的共和国。然而,在随后的"十日战争"中,由于斯洛文尼亚人的坚决抵抗,入侵以失败告终。在1991年7月7日的停火协议中,双方作出了妥协:南斯拉夫军队撤出斯洛文尼亚;作为回报,斯洛文尼亚人承诺暂停他们的独立运动。然而,斯洛文尼亚政府只是有所保留地遵守了这一协议,独立后的斯洛文尼亚的第一部宪法在1991年12月23日便已生效。

尽管南斯拉夫联邦军队进行了短暂的军事干预,但斯洛文尼亚独立的道路相对平缓。其中决定性的原因在于,新的主权共和国具有相对高的民族和文化同质性。斯洛文尼亚几乎没有塞尔维亚人的事实使米洛舍维奇最终更容易停止与斯洛文尼亚的主权对抗。相比之下,克罗地亚的情况则不同,自20世纪80年代后期以来,全国民主运动已经形成。如同在布达佩斯、华沙和卢布尔雅那，旧的共产主义精英与萨格勒布的新反对派精英达成了谅解，并在1989年底完成了政权的和平更迭。1990年5月，克罗地亚举行了第一次自由选举，这标志着权力的交接。选举的赢家显然是"克罗地亚民主共同体"（HDZ），其政治领袖弗拉尼奥·图季曼（Franjo Tudjman）以41.9%的得票率获胜。作为克罗地亚共和国的新总统，图季曼成为广泛的克罗地亚民族运动领袖，该运动毫不妥协地朝着彻底实现民族独立的目标前进。1991年12月22日，克罗地亚议会通过宪法，将共和国建立为一个统一的主权国家。与斯洛文尼亚一样，这个国家很快得到了欧盟的承认。

德意志联邦共和国在这一过程中发挥了主导作用，并敦促其伙伴遵守国际原则，承认斯洛文尼亚和克罗地亚共和国为主权国家，这一事实不仅在南斯拉夫的塞尔维亚残余势力中受到了尖锐的批评，而且现在回过头去看，也受到了其西欧伙伴的批评。这种批评是有道理的。特别是，德国政府在积极倡导价值立场的同时，由于历史和宪法的原因，不准备承担任何形式的军事共同责任。然而，不容忽视的是，塞尔维亚和克罗地亚的冲突在1991年升级为内战。早在欧洲共同体根据国际法进行判定之前，暴力和流血事件就已经达到了无法容忍的程度。

1991年9月1日，虽然参与的共和国同意了欧共体的和平提议并签署了相应的停战协议，但塞尔维亚人和克罗地亚人之间的激烈战斗仍然有增无减。所有和平解决的尝试都以失败告终，而南斯拉夫联邦军队，即事实上的塞尔维亚联邦军队袭击了克罗地亚沿海城市杜布罗夫尼克，并很快攻击了萨格勒布。1991年11月18日被塞尔维亚军队占领的克罗地亚东北部城镇武科瓦尔（Vukovar）被摧毁，将这次进攻推向高潮。在这个完全被摧毁的城镇，约有300人在一家医院避难。他们被带出城市并被杀害；其余人口要么被驱逐，要么被流放。这场武科瓦尔大屠杀后来成为海牙国际法院审理的首批重大罪行之一。在欧洲共同体根据国际法承认斯洛文尼亚和克罗地亚之前，仇恨和暴力的旋涡早已出现，这基本上是南斯拉夫国家整体衰落的一个不可避免的后果。

与斯洛文尼亚不同，克罗地亚的独立之路从一开始就被逐渐扩大的塞尔维亚少数民族问题所掩盖。在所谓的克拉伊纳（Krajina），即波黑西部边界附近、克罗地亚中部地区，有一个相对封闭的塞尔维亚人定居区。克罗地亚塞族人感到他们的生存受到了威胁，因为他们在一夜之间从主宰整个南斯拉夫的多数群体变成了少数族裔。早在1990年8月，90%的克拉伊纳塞族人在全民公决中投票支持其地区自治，并在1991年开始组织自己的准军事组织。早在1991年春夏之交，克罗地亚部队和塞尔维亚志愿军之间就发生了武装冲突：当克拉伊纳塞族人因克罗地亚独立而宣布自治，并宣布"塞尔维亚克拉伊纳共和国"成立时，这种情况不可逆转地恶化了。虽然这种难以持续的国家结构本身并不可行，但它暂时控制了克罗地亚大约三分之一的领土。

随之而来的是一种意识形态，将个人和更大的族群简化为其"种族"身份，这鼓励了一种僵化的、可怖的乃至无情的敌友思维。此外，这与崩溃的南斯拉夫不明确的国家领土分配有关。民族主义还原论及其与空间领土方面的主张、思想和幻想之间的联系，一直以来都被认为给南斯拉夫内战最可怕的恶兆，即所谓的"种族清洗"埋下了祸根。其致命机制始于克拉伊纳：塞族部队最初放火烧毁了他们的非塞族邻居的房屋，使他们无家可归、背井离乡，并一再重复这种行径。在很短的时间内，数十万克罗地亚人被驱逐出"塞尔维亚克拉伊纳共和国"的领土，波斯尼亚塞族人则被专门安置在该地。1991~1995年，克拉伊纳的塞族人数从62.5万上升到87.5

万,而克罗地亚人和波斯尼亚穆斯林的总人数则从 55 万下降到 5 万。

然而,塞尔维亚—克罗地亚战争很快就被波斯尼亚和黑塞哥维那共和国(简称"波黑")的冲突所掩盖和超越。这里的民族文化混杂问题尤为严重,在 436 万居民中,43.7% 的人在 1991 年的人口普查中自称是(信仰伊斯兰教的)波什尼亚克人,31.4% 是塞尔维亚人,17.3% 是克罗地亚人。只有 5.5% 的人称自己为"南斯拉夫人"。鉴于情况复杂,任何区分不同群体的尝试都注定要失败。后来试图通过按照种族划分国家来结束内战的努力。

受国际社会承认斯洛文尼亚和克罗地亚的鼓舞,波斯尼亚政府于 1992 年 2 月 29 日 /3 月 1 日组织了一次关于波斯尼亚和黑塞哥维那加盟共和国未来可能独立的公民投票。这次公投引发了内战。在波斯尼亚塞族人的抵制下,投票结果是 99.4% 的多数票赞成分离。然而,几乎没有任何国家在捍卫独立方面的准备比波黑做得更差。国家既没有自己的军队,也没有通过行政机构来执行对使用武力的垄断。因此,波斯尼亚塞族人很容易像在克罗地亚那样宣布自己没有防卫能力,并诉诸"自助"。在一次明显有准备的行动中,塞尔维亚部队在公投后立即收缴了卡车、公共汽车和电车。另有一些人进行伏击。同时,波斯尼亚塞族领导人拉多万·卡拉季奇(Radovan Karadžić)威胁说,如果大多数波什尼亚克人坚持独立,就会发生"种族间战争"。这标志着波斯尼亚首都萨拉热窝长期苦难的开始。1992~1995 年,超过 10000 人成为塞尔维亚部队多年围困和炮击的受害者。在哈布斯堡王位继承人弗朗茨·斐迪南被暗杀 80 年后,被严重破坏的萨拉热窝再次成为世纪末欧洲国家间血腥种族冲突的象征。

在克拉伊纳就已经发生过的"种族清洗"的螺旋式发展在

波黑再次启动,并带来了更可怕的后果。波斯尼亚塞族的目标是在东北部建立一个封闭的塞族定居区。为此,生活在那里的非塞尔维亚人,主要是穆斯林人口被大肆谋杀、羞辱和暴力驱逐。处决和抢劫,任意劫持人质和驱逐出境,拘禁在集中营,大规模强奸……这些都是幸存和逃脱的穆斯林反复提到的手段,这些手段使前南斯拉夫共和国——正如人们经常使用的比喻——成为名副其实的"地狱"。一切都表明,这些过激行为是基于种族意识形态的、战略性的、有计划的暴力,并被系统性地用于实现领土目标。

诚然,在这种情况下,塞尔维亚的战争罪行是不容置疑的。但这种冲突不能用非黑即白的思维来进行描述。这场冲突里的无情的"种族化"在20世纪的欧洲再一次彰显了"普通人"[18]的不良品质,在民族意识形态的背景下,甚至可以说是给了他们褒奖。而这一机制绝非只影响到塞族男子。由于好战分子的宣传让事态更加扑朔迷离,而且其他族裔群体的成员也诉诸暴力,犯罪者与受害者的关系就变得更加复杂了。大塞尔维亚主义受到(至少是潜在的)克罗地亚扩张主义的反击,自1992年以来,这种扩张主义表现为克罗地亚—波斯尼亚的"战中之战",并且还导致了克罗地亚方面的战争罪行,有时也导致了穆斯林方面的战争。可以设想,友好的分治和部分吞并波黑会满足萨格勒布的野心;然而,当塞族和克罗地亚族没有达成这样的协议时,所有暴力的闸门都会被打开。

经过几次不成功的停火尝试,内战终于在1995年达到了血腥的高潮。克罗地亚军队进行了自我重组,并在1995年春天取得了重大胜利。特别是,克罗地亚部队成功撼动了塞尔维亚克拉伊纳共和国。1995年8月,当首都克宁(knin)被克罗地亚军队占领时,塞尔维亚共和国在克罗地亚土地上的军事存在便宣告结束。"种族清洗"现在反方向发生。克罗地亚部队对塞族平民犯下了罪行。超过17万名塞族人不得不离开克拉伊纳。

南斯拉夫内战的特点之一是，在很长一段时间里都无法从外部结束它。直到1995年，欧洲安全合作会议、欧盟和联合国为实现持久停火的努力相继付诸东流。失败接踵而至，对平民的军事保护同样不成功。鉴于萨拉热窝局势岌岌可危，联合国安全理事会早在1992年就向波斯尼亚首都派出蓝盔部队，以保障援助物资的运输。此外，安全理事会于1993年宣布波斯尼亚穆斯林居住的一些城镇和中心地带为官方"保护区"。除萨拉热窝外，联合国还特别向比哈奇、戈拉日代和斯雷布雷尼察等地区派出了自己的保护部队。然而，这些联合国保护部队影响甚微，有时甚至成为种族清洗的帮凶。由于遵守政治军事中立，他们虽然本应向受骚扰的穆斯林民众提供人道主义援助，却不能对塞尔维亚部队采取积极行动。不管愿意与否，这已使他们实际上采取了一种支持驱逐的立场。

直到1995年7月11日，决定性的转折点终于到来。当天，已经处于守势的波斯尼亚塞族人占领了联合国部队在波斯尼亚远东地区的斯雷布雷尼察占领的"保护区"。波斯尼亚塞族人的到来在当地穆斯林中引起了恐慌，使其成千上万地逃往邻近的一个城镇。在接下来的日子里，塞族部队将这些人与难民群体分开，将他们与亲属分开关押，然后将他们处决。在斯雷布雷尼察，近8000名波斯尼亚男孩和成年男子成为这场大屠杀的受害者。事实上，这是自第二次世界大战以来在欧洲发生的最严重的战争罪行。

斯雷布雷尼察成了一个恶兆和一个转折点。在西方，这场大屠杀加强了必要时对前南斯拉夫进行军事干预的决心。当8月28日对萨拉热窝的新一轮轰炸导致37人丧生时，西方终于决定进行干预。两天后，北约战机开始攻击塞尔维亚阵地。与此同时，克罗地亚和波斯尼亚军队展开了反攻；到 1995 年夏末，他们已经控制了波黑共和国一半以上的领土。米洛舍维奇被迫处于守势，他于 1995 年 10 月 10 日首先同意停火，随后同意签订和平条约。

这份和平条约，即《代顿（俄亥俄）协议》，也标志着欧洲人彻底失去了阵地：他们无法靠自己的力量结束南斯拉夫内战之灾。相反，美国特别代表理查德·霍尔布鲁克（Richard Holbrooke）成为关键人物。在他的主持下，三位总统斯洛博丹·米洛舍维奇（塞尔维亚）、弗拉尼奥·图季曼（克罗地亚）和阿利雅·伊泽特贝戈维奇（Alija Izetbegović，波黑）从 1995 年 11 月 1 日起进入为期 3 周的协商期，在此期间他们就持久的和平解决方案进行了谈判。《代顿协议》于 11 月 21 日草签，并于 1995 年 12 月 14 日在巴黎正式签署。该协议实施的是一个不稳定的解决方案，但它为一个因内战而严重受伤的国家带来了脆弱的和平，所维持的时间之长也超出了预期。在国际保护部队的监督下，以萨拉热窝为首都的波黑在其现有的、国际公认的边界内仍然是一个主权不可分割的国家。然而，尽管建立了经典的国家机构，如议会、总统府、宪法法院和中央银行，但它在国家层面依然相当薄弱。波黑共和国的两个实体被赋予了广泛的自治权，它们的建立是为了解决民族冲突。其中，塞族共和国获得 49% 的国家领土，波斯尼亚族和克罗地亚族的联邦（波黑联邦）获得 51%。在整个国家内，公民享有完全的行动自由，实行民主的市场经济制度，难民被赋予充分的返回权。

对于波黑本身来说，内战的破坏性暴行已经结束，这是一件幸事。但《代顿协议》有一个盲点，那就是科索沃。由于没有解决科索沃问题，代顿进程将那里的阿尔巴尼亚平民置于贝尔格莱德宏大野心的摆布之下。南斯拉夫解体的民族文化解体进程开始于塞尔维亚共和国最南端的科索沃，并在此完成。1992~1995年，全世界的注意力都集中在波黑的战争与和平问题上，而另一场灾难正在科索沃酝酿。在代顿之后，米洛舍维奇可以自由地实现他的大塞尔维亚梦想，至少在缩小了的新南斯拉夫共和国是如此。诚然，他被拒绝加入联合国，但外交承认提升了他的国际形象，他再次被西方政客视为合法的对话伙伴。与此同时，1992年科索沃当局领导人易卜拉欣·鲁戈瓦（Ibrahim Rugova）正日益失去支持。科索沃对国际组织的态度感到失望，也对贝尔格莱德的"塞尔维亚化"政策深感担忧，这使得激进的武装组织在这里站稳了脚跟。1996年成立的"科索沃解放军"（UÇK）使得塞族和科索沃人的冲突再次升级。自1998年以来，不仅科军遭到重创，塞尔维亚也再次针对手无寸铁的阿尔巴尼亚平民使用暴力。

国际社会再一次反应迟缓。尤其是美国以及在其领导下的北约。首先，他们利用军事威胁迫使米洛舍维奇同意在科索沃派驻一个欧安组织观察组。这一次一定不能让波黑那样的灾难再度发生，美国人对此的态度尤为坚决。1999年2月，最后一次谈判尝试在朗布依埃（Rambouillet）失败后，北约战机于1999年3月24日开始轰炸贝尔格莱德。这一"人道主义干预"宣称其目的是避免在科索沃发生人类灾难。

事实上，"种族清洗"在轰炸的阴影下不断升级。南斯拉夫军队和"科索沃解放军"进行了残酷的战斗，平民百姓则再次遭受苦难。当南斯拉夫部队在西方军事干预的压力下于1999年6月撤出科索沃，并于1999年6月10日宣布停火时，已有超过86万名难民离开该国，大约50万名国内难民流离失所。科索沃近90%的阿尔巴尼亚人都在逃亡。相反，科军对塞尔维亚平民实施的谋杀、暴力行为和驱逐也有所增加。毫无疑问，北约的"人道主义战争"具有两面性。

由于米洛舍维奇的大塞尔维亚政策惨败，人们对他的支持日益减弱。甚至连民族主义的口号也不再流行。在2000年9月24日的总统选举中，米洛舍维奇仅获得38.2%的支持率，而反对派候选人沃伊斯拉夫·科什图尼察（Vojislav Koštunica）的支持率接近49%，这意味着米洛舍维奇大势已去。大规模群众示威游行迫使他承认科什图尼察是选举中的胜利者并辞去了总统职位。仅仅6个月后，当选为塞尔维亚新总理的亲西方的佐兰·金吉奇（Zoran Djindjic）就将他逮捕。2001年6月28日，塞尔维亚终于将这位前总统引渡到海牙国际刑事法庭。

米洛舍维奇的命运从此象征性地与国际法中最重要的创新之一联系在一起，该创新恰恰诞生于南斯拉夫的悲剧。早在1993年5月25日，联合国安全理事会在波黑的"种族清洗"和其他战争罪行的影响下，决定建立一个国际法庭（前南问题国际法庭）。这是第二次世界大战以来，被指控的罪犯首次被送上国际法庭，受到审判并最终被定罪。

在不到十年的时间里，前南问题国际法庭成功地成为起诉和审判南斯拉夫战犯的公认权威。得益于精力充沛的首席检察官，法庭很快就行使了远比许多观察家最初预计的更大的司法权力。这对该地区的和平以及欧洲处理其晚近历史中的暴力事件具有重要意义。最重要的是，前南问题国际法庭的加拿大首席检察官路易丝·阿尔布尔（Louise Arbour）推动了米洛舍维奇案的审理。1999年初，她敦促应以逮捕、审判和判刑等措施来威慑科索沃境内潜在的塞族罪犯。1999年5月27日，在科索沃战争最激烈的时候，她正式宣布对南斯拉夫总统提起国际诉讼。因此，米洛舍维奇是第一个被起诉的在任国家元首，从那时起，他再也无法免受法律指控。他在2002年被引渡后受审，面临大规模驱逐、谋杀平民等多项指控。

许多人将米洛舍维奇视为纯粹的权力政治家。但权力意志和策略、技巧并不足以解释他的职业生涯。因为如果没有南斯拉夫民族主义在铁托之后所遭受的冲击，米洛舍维奇这个"现象"就无从解释。它需要塞尔维亚民族主义的集体力量和南斯拉夫崩溃中少数民族问题的发酵，才能发挥如此这般的重要作用。基本上，正如20世纪末欧洲许多国家所熟知的那样，米洛舍维奇只不过是一个民族民粹主义者。然而，他与其他欧洲民粹主义者的决定性的区别在于，南斯拉夫不稳定的国家结构以及它所引发的冲突的种族化，很快就给民族民粹主义的宣传施加了一个政治上具体的、因而更危险的行动框架。为了保持"可信度"，米洛舍维奇和他的宣传攻势很快就不得不"说到做到"，走上了通往暴力和内战的下坡路。2006年3月11日，患有严重糖尿病和心脏病的米洛舍维奇在海牙被羁押期间死亡，对他本人的审判因此结束。但很明显，只关注"大"罪犯不足以更准确地了解正在发生的事情。只有对数十万匿名罪犯进行全面研究，才能更清楚地了解这种恐怖的社会文化动态。在这方面，前南问题国际法庭的一大优点是，它不仅为法律，而且为当代史的研究以及对波斯尼亚、克罗地亚和科索沃暴行的评估提供了广泛的材料基础。

罪犯通常是"普通"的男性；多种因素促使他们杀人、强奸和驱逐他人。一个必要的先决条件是南斯拉夫文化自20世纪80年代后期以来的意识形态化和民族化。在塞尔维亚与科索沃的冲突中，民族主义的宣传语言是经过有意夸大的，在克罗地亚地区也是如此，这对暴力的合法化起到了决定性的作用。它提供了必要的语言和心理工具来孤立"他人"，哪怕是以前的邻居，也会被它变成仇恨的对象。此外，还有一些具体的历史叙述，将自己的"人民"，无论是塞尔维亚人还是克罗地亚人，解释为过去曾被压迫和迫害的人。尤其是塞尔维亚民族主义者，除了永久受害者角色之外，不愿意以任何其他方式被别人看待。由此产生的身处（防御性）战争的感觉容易导致雇佣兵式的生活方式，其特点便是风餐露宿、外形邋遢和大量酗酒。

除了米洛舍维奇，波斯尼亚塞族人拉多万·卡拉季奇和拉特科·姆拉迪奇也是最著名的战争罪犯，他们与米洛舍维奇一起被通缉。他们被指控犯有斯雷布雷尼察大屠杀罪、种族灭绝罪和许多其他战争罪，自1996年以来一直被国际组织通缉。然而，在他们的塞尔维亚故乡，许多人仍将他们视为英雄。如果没有塞尔维亚当局中的同情者的帮助，他们两人在塞族人撤出波黑后成功失踪是难以想象的事情。直到塞尔维亚逐渐摆脱近期历史，与西方和解，并表示愿意加入欧盟，这种局面才有所改变。

为了获得加入欧盟候选国的地位，塞尔维亚有必要与被指控的战犯划清界限，将他们抓获并交给前南问题国际法庭。卡拉季奇在贝尔格莱德以假身份生活了很长时间，没有受到任何干扰，他是第一个感受到塞尔维亚政府政策变化的人。他于2008年7月21日被捕，并立即被送往海牙国际法庭。2011年5月26日，躲在塞尔维亚北部小镇拉扎雷沃的姆拉迪奇也被逮捕。几天后，塞尔维亚当局不顾他本人的反对，将他移交海牙国际法庭。在这一过程中，塞尔维亚结束了其近代历史中一个既戏剧性又阴郁的篇章，并向"欧洲"迈出了一大步。

第二章
全球化进程中的欧洲

1 经济方面的挑战

当内战在前南斯拉夫肆虐了近十年之时,欧洲其他地区走上了动荡的经济和社会文化变革之路。技术在这一过程中发挥了关键作用,特别是微电子的革命性发展无异于"第三次工业革命"。个人电脑(PC)的胜利改变了工作方式和日常生活。1995年推出的万维网进一步加速了发展。现在有可能在全世界范围内即时传输信息和数据,因此,到21世纪初,从技术角度来看,一名雇员是在欧洲、北美还是在亚洲工作并不重要。这些现象是大多数同时代人感受到的加速变化的根源,"全球化"这个流行词很快就成了一种常态。

几乎没有任何其他的当代主题伴随着分歧如此之大,甚至是相互矛盾的评价。恨不得将全球化奉为救世主的赞美一直以来都被一种谴责性的判断所反击,这种判断认为全球化实际上是新欧洲所有社会和政治问题的根源。另一些人则认为全球化仅仅是一个标语,是施加压力以推动新自由主义社会政治利益的一种假性论证手段。此外,有一种普遍的观点认为,全球化并不是一种全新的现象,而是一种从19世纪后三分之一开始就为人所知的、世界性相互依存的一种形式。决定性的因素是,全球化加强了国际分工;世界贸易和外国生产相应扩大,资本投资和金融市场也是如此。边界的开放和移民运动使人们能够追随商品和资本。事实上，这些现象本身并非新生事物，其中一些在19世纪后期就已经为人所知。但它们在20世纪下半叶结合在一起，创造了一种前所未有的活力。一个开放边界的世界似乎第一次成为可能，并允许人们开展各种不受边界限制的交易。新的通信技术为新形式的全球相互依存提供了基础设施。

同时，西方工业化国家在其经济和金融政策方面发起了一场深刻的变革。他们对20世纪70年代以来越发明显的增长疲软作出了越来越相似的反应。他们默默地告别了社会民主主义以及凯恩斯主义的概念，转向"新自由主义"的解决模式。这一转变旨在通过创造新的增长和稳定来对抗全球经济危机。因此，只有市场的力量被认为是必要的，而这些力量又必须通过国家的部分撤出才能重新得到释放。货币主义、竞争和放松管制成为20世纪80年代和90年代的关键监管概念；人们希望借此来限制社会政治利益、巩固国家财政、降低劳动成本和加强个人主动性。在国际上，人们力求进一步减少贸易壁垒，扩大国际交易的范围，并抵制与危机有关的保护主义复发。这条道路上的一个重要阶段是1986年在《关贸总协定》的框架内发起的"乌拉圭回合"。同时，随着《单一欧洲法案》和《德洛尔计划》的出台，欧洲共同体走上了建立一个没有边界的、一体化欧洲内部市场和单一货币的道路。

20世纪80年代和90年代的全球化绝不是一个不受控制的、如同自然现象般袭击欧洲政治的过程。相反，国家和政府通过自由化为推动全球经济向前发展作出了积极贡献，因为他们认为这是应对经济危机和失业最有效的方式。通过自由化、放松管制和私有化，政府持续提升了市场的力量，扩大了大公司和银行的国际业务范围。他们自由地为国家主权的丧失铺平了道路，这也导致他们后来更加强烈的哀叹。

只有在这种有利的政治体制条件下,全球化的驱动力才得以持续发挥,从而实现了外国直接投资的空前扩张。这些从资本雄厚的西方国家流向外国市场的投资,加上不断扩大的国际金融经济,成了全球化的真正引擎。1960年,外国直接投资的世界资本总额约为660亿美元;2002年为7.2万亿美元。而这种增长大多发生在20世纪80年代末。相应地,数量剧增的跨国公司纷纷在海外建设新的产能,减少工作岗位,扩大销售网络,收购公司股份,甚至收购整个公司。公司在这一过程中看重的都是更低的劳动力成本。根据1995年的数据,在德国一工时的成本是31.80美元,在日本是23.66美元,在法国是19.34美元,在美国是17.20美元;而在泰国和印度尼西亚则为0.30美元,在中国和印度只有0.25美元。在市场同时开放的情况下,这种差异刺激了管理者的想象力,这不会令人感到惊讶。但基础设施、税收和其他制度上的优势也发挥了作用。与此同时,富有潜力的不同地区也在纷纷拉拢投资。

当然,这一切的先决条件是低成本的运输能力,这是全球化的一个重要反馈效应。亚洲和欧洲之间贸易量的迅速增长以及相关的运输能力需求,为国际经营的物流公司开辟了一个不断增长的市场。自20世纪80年代中期以来,欧盟的出口量稳步上升,并在2000年前后创下新高。欧盟在世界贸易总额中一直占18%~20%的份额,保持着领先的地位。外国直接投资的数量也是如此,这再次表明欧洲始终是全球化的参与者,并从中受益。

在欧洲,全球化也催生了令人惊叹的成功故事,如英国移动电话巨头沃达丰、芬兰移动电话制造商诺基亚、此时是世界最大媒体集团的贝塔斯曼、年轻的德国软件公司SAP和意大利时装集团贝纳通。然而,这些成功并不能掩盖欧洲经济在全球化的压力下不得不应对诸多问题的事实。实际上,在整个20

世纪90年代，欧盟成员国遭遇了明显的增长疲软。欧洲在世界国内生产总值中的相对份额与人均收入经历了幅度相似的下降。这一趋势的根源是美国在金融和新技术领域的霸主地位。美国的创新型 IT 企业在国内生产总值中的份额，以及金融和贸易部门中基于计算机服务的份额，都明显高于欧盟。这些企业产生了极其高额的利润，美国劳动力市场在这些领域也相应地蓬勃发展。

跨大西洋差距的扩大经常引起人们，尤其是经合组织和其他机构对欧洲经济作出批判性分析。根据这些分析，欧洲最大的问题是人口老龄化、劳动力市场和社会制度在法律方面的僵化、税收水平过高以及在研发和信息技术方面的滞后。为了增强竞争力，欧洲需要效仿美国模式，放松管制，并强化创新。此外需要对劳动力市场和社会保障体系进行可持续的改革，并对教育、研究和各方面发展加大投资。最重要的是，人们希望服务业的现代化和扩张能带来高附加值的收益。

这一做法影响了欧盟本身的议程和政治语言。欧盟理事会和布鲁塞尔委员会制定了与全球化趋势密切相关的目标，旨在使欧洲"适应"全球经济。随着2000年"里斯本战略"的通过，欧洲国家元首和政府首脑为自己设定了一个雄心勃勃的战略目标，也就是要将欧盟打造为"世界上最具竞争力和活力的知识型经济区"[1]。特别是要实现"人人共享的信息社会"，创建"欧洲研究和一体化的领域"，打造"有利于创新公司创建和发展的环境"以及"高效和一体化的金融市场"。通过这些实际上代表了一种全球化战略的项目，欧盟确立了自己作为"新自由主义"未来愿景里的中心地位，该愿景将通过技术革新的方式得以实现。因此，有批评者担心，欧洲的"欧洲化"事实上意味着它的全球化，从而放弃了传统的文化和社会标准，这并非没有道理。然而，他们仅仅实现了既定目标的一部分，总体而言，他们甚至没有达到目标。尤其是关于欧盟可以在短时间内成为世界上最具竞争力的经济区的想法。而2008年之前的许多论断由于受到全球金融和经济危机的影响而有所弱化或者得以更正。

欧盟各国在经济发展方面存在很大差异。当南欧国家在经济之路上拼命追赶时，英国却最坚决地走上了美国式的服务和信息社会之路。鉴于国内工业在某些领域注定要失败，撒切尔夫人领导的英国政府在早期阶段就开始依赖外国投资者。英国是第一个向日本汽车工业开放边界的欧洲国家，而日本汽车工业的生产力远高于英国。与此同时，英国政府还放松对金融市场的管制和推动使用新的信息技术。毕竟，自20世纪80年代中期以来，伦敦金融中心的地位已经大大提升。这里很早就实现了基于计算机技术的交易，并同时实现了这种交易模式的自由化，为欧洲树立了新的标杆。

相比之下，德国经济传统上更专注于工业产品的生产和出口，尤其是在机械工程和汽车工程领域。作为多重"世界出口冠军"，德国2008年的出口额接近1万亿欧元，在欧盟内扮演了出口火车头的角色，这一角色在2009年全球经济衰退后进一步加强。欧洲国家和地区的特殊性并不局限于此，但在1989年动荡之后的20年中，决定性的问题是：东欧和中东欧的后社会主义国家如何能够在全球经济中保持自己的地位？

在东欧国家于1989/1990年走上变革之路后，西方在后社会主义国家的痛苦转型过程中有义务提供经济援助是无可争议的事实。政治自由和经济繁荣是相辅相成的，这已被西欧战后的历史所证实；仅此一点就似乎表明亟须为欧洲大陆东部地区注入稳定。为此，西方国家采取了一些基本的制度措施。早在1990年，欧洲国家就联合北美和日本共同成立了欧洲复兴开发银行（EBRD）。从技术上讲，这家银行的任务是为有前途的项目提供资金。然而，其成立的更深层目的却是政治层面的。通过注入资金促进东欧国家向市场经济过渡，也意味着在政治上稳定它们。与或多或少有些激进的经济改革一起，捆绑式改革措施为欧洲大陆的经济共同增长创造了条件。

事实上，在短短几年内就发生了影响深远的贸易流向调整。在经济互助委员会框架内以卢布为基础建立的国际分工几乎完全被迅速加强的、与西欧之间的贸易和金融关系取代。在波兰、捷克斯洛伐克和匈牙利，尽管与欧盟间的贸易限制持续存在，许多公司仍设法将其出口贸易从俄罗斯转向西欧。出乎意料的是，这些国家在1990年代初期甚至一度实现了外贸顺差。

最初，西方公司对东欧市场兴趣有限。1989年，这个市场只吸收了2%的西方出口产品，即使在动荡之后，它最初也显得规模小、风险大、无利可图。在这种情况下，转型国家所期望的外国直接投资流动在初期显得犹豫不决。东欧市场并未引起广泛关注，而是仅仅影响了少数大型投资，例如来自ABB、通用电气、利乐和大型烟草公司的投资。最引人注目的是大众汽车在1991年收购了捷克汽车业旗舰品牌斯柯达。这些公司希望通过在东欧市场的早期定位来获得对竞争对手的战略优势。即使最初数量有限，这些直接投资却在技术转让、东欧与欧盟之间的贸易联系以及连接东欧与世界市场方面发挥了重要作用。

西欧企业在后社会主义地区的介入程度，绝不仅仅是经济实力的问题，还取决于历史和文化条件。因此，具有悠久的经济往来传统的德国在该地区发挥最重要的作用并非巧合。但荷兰公司也知道如何向东欧市场扩张，并领先于美国成为该地区第二大投资者。当然，地理上的邻近性也发挥了至关重要的作用。斯堪的纳维亚公司在波罗的海国家占主导地位，而奥地利公司则在斯洛文尼亚占主导地位。

1990年代中期，转型国家的经济前景初现光明。最初几年的萎靡不振，以"休克疗法"和失望、经济困难以及政治挫折为特征，最终在经济稳定阶段达到顶峰。到2007年，与西方相比，包括波罗的海国家在内的东欧与中欧国家的经济发展越来越具活力。当他们在2004年加入欧盟时，他们并不落后于欧共体向南扩展时吸纳的希腊、西班牙和葡萄牙等国。欧洲开始在经济上共同成长。

东欧与中欧国家越来越多地从高于平均水平的外国资本流入中受益。缓慢起步之后，跨国公司不仅来自以德国为首的西欧，而且来自世界各地，特别是日本。从2001年前后开始，外国直接投资源源不断地大量流入，这是转型国家经济增长的主要动力。

因此，毫无疑问，全球化释放了大量促进繁荣和现代化的动力。欧洲似乎成功地捍卫了自己的地位，并在全球化的世界中找到了自己的位置。这一努力的弊端是新的社会风险。早期的"全球化"理论家已经指出，一种新的全球经济形式将对西方工业化国家的劳动力市场产生巨大影响。而事实上，主要是劳动力市场的重塑造成了最严重的问题。在20世纪80年代，处于持久危机中的仍然是旧工业。它们的萎缩导致工人走上街头：从撒切尔政府和英国煤矿工人之间史诗般的决斗，到萨尔地区和"燃烧"的鲁尔区，工人们因为钢铁厂的关闭而发起抗议。然而，在20世纪90年代和21世纪头十年，冲突的模式发生了变化。像采煤这样的老工业几乎从欧洲地图上消失了。与此同时，年轻的产业，如计算机、微芯片和移动电话的生产，则高度依赖跨国公司的投资。在这个过程中，日益激烈的国际竞争造成了一种不可避免的合理化运作，无论是通过裁员和外包，还是通过生产搬迁或信息技术投资。在整个欧洲，这对劳动力市场产生了巨大的压力，工作条件也开始日益恶化。

西欧的产业工人在经历了将近40年的黄金岁月后，在世纪之交成了新一类资本依赖者，并且明显感受到随之而来的寒意。在2008/2009年度，全球金融和经济危机使情况变得更加糟糕。在破产的美国巨头通用汽车公司的欧洲工厂，关闭所引发的恐惧蔓延开来，但其他行业也日益受到威胁。那些无法承受压力或没有充分的职业资格的人失去了机会，这加剧了欧洲社会的两极分化和排斥异己的趋势。

到了20世纪80年代和90年代，各国政府更加强烈地意识到全球化的趋势不可阻挡，于是出台了各种放松管制、私有化和非国有化的措施。然而，如果事实上不可能避免技术或全球经济的市场规律，那么最终还得人们自己适应环境，也就是使他们的习惯、技能和工作技术现代化。在这种背景下，欧盟和绝大多数政治经济精英中出现了一种"新自由主义"的语言，它不断固化为一种新的现代化意识形态。它的关键术语，即"知识社会"、"教育"和"灵活性"，在国际上引发了关于全球化的社会和劳动力市场具体后果的讨论。

"知识社会"作为一个社会经济概念，从20世纪70年代就开始引发讨论。据此，西方社会的生产力都在向后工业阶段过渡，越来越多地与基于科学的创新联系在一起。欧洲的政治行动者积极地采用了这种"知识社会"的观点。在社会和经济理论家以及经济从业者的建议下，欧盟在2000年的《里斯本战略》中采用了知识社会的表述。在此背景下，教育成为确保或提高欧洲在全球经济中长期竞争力的关键。

教育理想的变化是欧洲深刻的文化变革中的一个亮点。欧洲现代化战略宣布，提升就业能力是所有教育工作最重要的目标。所有的教育机构都必须以这个目标为导向。其目的是建立一条不间断的、强大的"终身学习"链，为此必须建立以需求为导向的系统。这是为了使人们能够应对快速的变化和失业期，以及在必要时应对就业岗位的快速更替。

这项教育政策的目的是使欧洲人民变得更加灵活，从而使他们可以在不断变化的国际劳动力市场上尽可能地获得立足点。与此相反，被认为具有限制性的终身工作模式现在要被彻底放弃。欧洲自20世纪80年代以来一直在推动劳动力市场的灵活化，现在则必须增进劳动者的灵活性。在欧盟和大多数国家的政府中，无论它们是由"保守派"主导还是代表"新工党"，这种观念和它所主导的话语都变得具有压倒性。不仅如此，它还吸引了其他国际组织，如经济合作与发展组织（OECD）以及国际劳工组织（ILO），后者在其定期分析和调查中也使用了这样的表述。

这种一致性表明，到21世纪初已经形成一种不再容忍任何矛盾的跨国话语环境。"知识社会"、"灵活性"和"就业能力"等关键概念在社会和国际层面都越来越具有压倒性的力量。这种话语环境有了自己的生命。它成了某种"生命体"（福柯），凌驾于行为者的思想之上，塑造了他们的政治行动，不管他们追求什么具体目标。尽管教育部门于1995~2009年在欧洲显著扩张，平均学历有所提高，但批判性的观察者几乎都意识到"全球化"、"教育"和"灵活性"的话语发展成了一种意识形态。

毫无疑问，弹性化战略为市场上的员工创造了新的脆弱性。诚然，人们不断援引一个标准论据，即更加灵活的劳动力市场能够增加就业困难者谋到工作的机会。根据这一估计，即使是临时工作或定期合同框架内的短期工作经验，也能改善资质状况和获得长期"正式"工作的前景。然而，在大多数情况下，这种机制有可能成为一个陷阱，以至于破坏了受影响者的工作履历，或者根本不允许其发展。特定的年龄组、人群和某些部门的雇员特别容易受到这种累积性劳动力市场风险的影响。30岁以下的年轻劳动者也是如此。自20世纪80年代以来，几乎所有西欧国家都扩大了雇用临时人员或项目相关人员的选择范围。自然，这将主要影响刚进入劳动力市场的年轻劳动者。其他风险群体是移民、少数族裔——在东欧和东南欧主要是罗姆人——以及50岁以上的大龄雇员。最后，资质较低的工人前景尤其不利。通常，女性在劳动力市场面临的风险也比男性高。

上述趋势影响了所有欧洲国家，尽管形式和特点各不相同。在西欧国家中，英国作出了最大的努力，使其劳动力市场更加灵活，全力武装好自己以迎接全球化。自20世纪90年代末以来，它实现了相对较高的增长率和较低的失业率。但他们也为此付出了高昂的代价：受益于全球化的高收入者与工作履历不稳定者之间的差距越来越大。社会两极分化不断加剧，除葡萄牙外，英国是2004年唯一一个不得不被称为低工资国家的西欧国家。

在法国、德国和许多其他西欧国家，劳动力市场分裂的"双元"趋势日益明显，这进一步加强了内外两极分化。技术变革、全球化的后果和在欧洲盛行的新自由主义现代化政策，在那些无法跟上经济加速步伐的阶层中创造了新的贫困风险。这里出现了一个新的下层阶级，他们工作不稳定，就业不足，没有晋升的前景，一刻不停地承受着社会转型的代价，甚至成为"被供养的阶层"。除了晚期工业社会的旧有结构性问题，如煤炭、钢铁和造船等传统行业受到的影响，现在还有更多的特定风险群体。因为在这些群体所处的主要相关领域中，政府根据全球经济竞争的标准，推动了灵活化、自由化和私有化。

在这种情况下，产业工人的反抗和讨价还价能力大多只

86 在有限范围内表现出来。他们的行动，包括工会和劳资委员会的行动，最终都是为了防止最坏的情况发生，或者是纯粹的缓兵之计，如推行福利措施和离职补偿金。计算机、微芯片和移动电话生产商之类的年轻产业高度依赖跨国公司的投资。而当西门子或明基、诺基亚或索尼改变其投资决定并关闭整个生产工厂时，这就像是对相关工人的个人生存的正面攻击。抗议活动不可避免，也总能找到政治家来表示声援。富有同情心的媒体感同身受地进行报道，公众也对此表示关切。但这些并不会改变权力斗争的结果。在21世纪初，欧洲的产业工人终于作为一个"为自己"的阶级被埋葬。而大型国际组织的全球化战略——为知识社会提供培训，为市场提供灵活性——是否能够给受影响的人提供任何前景，也非常值得怀疑。

此外，当新技术承诺在价值创造方面立即获得收益时，无节制的乐观情绪，甚至是纯粹的欣喜若狂占了上风。从美国开始，越来越多的年轻公司提供基于互联网支持的通信服务，20世纪90年代中期类似情况也开始在欧洲出现。新经济，正如人们不久之后形容的那样，为全新的生产力提供了机会。它以信息技术为基础，在全球范围内表现活跃，其信条是脱离传统的商品生产形式，并通过这种方式创造新的财富。正如"知识社会"所承诺的那样，新经济的重点是通信和信息。信息将在全世界范围内被获取，同时其效率也将得到提高。

87 在与不断扩大的国际金融市场的密切互动中，互联网和媒体行业在短时间内形成了创业热潮和淘金的氛围，这在20世纪末是很难想象的。在1997~2000年的"狂热阶段"甚至呈现了狂欢般的特征，其中不乏童话般的闪电式成功；创业梦想不止一次带来了新的财富。然而，新经济最初的压倒性成功加剧了社会分化。它只奖励了一小部分年轻的、有技术能力的、有创业精神的行动者。这不仅表现在收入爆炸式增长的领域，在新生态的影响下，工作的形式似乎也发生了永久性的变化。在普通服务阶层的恶劣工作中普遍存在越来越不稳定的工作条件，而新经济的员工则显露了一种新的生活态度，他们热衷于破除等级制度和分享团队合作成果。

面对这种新的灵活性，工作和休闲之间的界限变得模糊。随着工作也成为生活的一部分，每周工作时间限制在40小时甚至35小时以内的传统规定逐渐消失。代表新经济的"Yetties一族"——年轻的、创业的、以技术为基础的、20多岁的群体——基本上总是在工作，无论是在家里还是在办公室。因此，他们也被认为是没有亲密关系、没有伴侣、没有孩子的人。

除了对新技术本身的欣喜，还有对年轻的"新经济"公司上市的狂热憧憬。起初，大量的投资者认为参与新技术和媒体领域最有利可图。年轻人的热情与开阔的全球视野、受技术驱动的对进步的乐观情绪以及对成功和财富的原始贪婪混合在一起。当然，现实和虚拟的领域经常发生变化。而且很少有人注意到，交易的进行主要是靠纯粹的幻想。结果造成了巨大的投机泡沫，实际上是股市历史上最大的泡沫之一。所有于1997年在德国媒体版权经销商EM-TV的首次公开募股中投资6000马克的人在两年后都成了百万富翁，不过前提是当投资人在价格上涨了16600%之时，及时抛售了自己的股票。然而就在价格飙升的同时，他们也跌入了深渊。2000年3月，新市场的各项指标达到了最高水平，此后它以极快的速度走下坡路，同样看似"永恒"的、由互联网驱动的增长之梦也走到了尽头。许多新成立的公司破产或被低价出售。紧随在证券交易所最大的成功之后是对资本的巨大破坏。

新市场的崩溃提供了一个回归实体经济的机会。渐渐地，新经济带来的欣喜让位于技术变革加速时代中对经济考量的清醒思考。这也是对全球变化和加速的经济发展的一种适应。

2　趋同与协调

从经济发展的角度来看，今天的欧洲存在着深刻的差异。事实上，东欧剧变后，欧洲内部的财富差距再次扩大，而且这一差距并没有在几年内消失。1995年，保加利亚居民的实际人均收入仅为欧盟实际人均收入的10%；而在2008年，这一数字不超过13%。然而，将经济上"落后"的后社会主义欧洲和"富裕"的西欧进行过于深刻的对比会产生误导。此外，西北欧和南欧之间也存在巨大差异。发达的西欧社会内部的不平等现象也在不断加剧。

与此同时，不断加深的"欧化"和欧盟的区域支持政策也促成了这样一个事实：1990年以来，整个欧洲的经济生活条件已经变得让人可以接受，并且开启了温和而又显著的协调和趋同过程。其决定性的驱动力来自社会文化的共性，这些共性塑造了全欧洲人民的日常生活和生活轨迹。这首先包括对家庭和性别关系的态度、日益增长的消费意愿以及不断加强的地区间流动性，这些都导致了欧洲内部更加紧密的相互联系。

甚至在铁幕倒塌之前，出生率显著降低的趋势就在整个欧洲盛行。结婚人数下降的同时，女性首次结婚的年龄却在上升，离婚人数也在攀升。与此同时，非婚生子女增多，单亲父母人数不断增加。最后，居住模式也因家庭规模变小的显著趋势而发生变化。直到1989年，东欧国家的平均出生率仍略高于西方国家，尽管出生率的下降趋势已经日益明显，特别是在中东欧。这一趋势在1989年后开始加速，到世纪之交，中东欧社会的出生率甚至已落后于欧盟平均水平。相反，西方社会也有一些特殊性。例如，2006年，（除冰岛外）法国是唯一一个生育率达到2.0%的欧洲国家，这得益于其对一般家庭，尤其是对"第三个孩子"的长期财政支持和制度支持。但是，即使考虑到欧洲地区之间存在的巨大差异，总体上我们还是可以观察到整个欧洲范围内的生育率明显趋同。

在大多数欧洲国家，所有数据都表明私人领域正在发生动态变化。女性和男性的生活路径都发生了根本性的变化。家庭的人数持续下降，而其他选择变得越来越重要。生活方式和生活形态的个体化和多元化在西方已经非常先进，现在也在东欧社会取得了进展。在这方面，也可以说出现了一种共同的欧洲趋势。

这方面最重要的指标，除了妇女的生育率之外，就是她们在劳动力市场的参与度。1980年，在匈牙利或捷克斯洛伐克，就业妇女在工作年龄的女性人口中占比超过了60%，远高于西欧社会的平均水平。当然西欧社会的女性就业率也在稳步上升。在制度变迁之后，可以观察到一个双向过程。在西欧和南欧社会，妇女就业的比例继续上升；而在大多数后社会主义国家，这一比例却有所下降。劳动力市场上的不安全感、可能失去工作的恐慌以及儿童保育设施的减少都对个人感受产生了强烈的影响。

因此，尽管在1989年后有时会出现极端的差异和持续的内在矛盾，但逐渐出现了共同的经验空间。个性化和多元化现在也成为后社会主义国家中塑造女性生活路径的力量，在社会主义时期，女性的生活路径被强烈地标准化并受到外部影响。特别是15~64岁女性的就业率表明欧洲的生活条件正在逐渐变得更加平等。平均而言，这个比率显示了妇女实际就业的比例（不包括登记失业的妇女）一直在稳步上升。

然而，男性的生活路径也发生了根本性的变化。在西方社会，家庭生计必须建立在单一（男性）养家糊口者的工资之上的观念在1989年之前就已经开始淡化。事实上，单一收入者模式所依赖的经济基础，即稳定的、终身的、"福特式"的工业工作模式，成为20世纪70年代以来不断加速的结构变化的牺牲品。因此，标准的男性就业历程出现了断层。自1980年以来，所有西欧国家的男性就业率都持续下降，与女性的就业发展方向几乎相反。在（中）东欧，去工业化的冲击发生在政治动荡之后。由于数以百万计的工业工作岗位被一举夺走，对民众的打击便更加严重了。对于老一代的就业者来说，他们不再有机会让自己的生活适应新的环境，这往往意味着长期失业，或者至少对他们的就业造成相当大的损害。在这方面，男性就业率的明显下降——例如波兰的就业率有时就低于60%——也掩盖了那些在市场经济及其迅速变化的劳动力市场中，根本就没有获得过任何新机会的一代人的特殊境遇。直到2000年前后，老年男性的就业率才开始回升，然而之所以出现这种情况，正是因为此时日益不稳定的收入状况带来经济压力，迫使他们这样做。

自19世纪末以来，西方资本主义制度的特点是社会不平等经常被文化平等补偿。它使人们更容易接受不平等；1945年之后，西方对共产主义的平等承诺的接受程度越来越高。实现这一目标的一个关键先决条件是消费的民主化，这是一个动态的并且影响深远的过程。与此相关的文化统一性越来越使传统的、物质层面的阶级对立淡化。在没有改变实际收入和财富关系的情况下，却产生了文化上的"平衡"。

毋庸置疑，在中东欧社会主义国家后期，消费者的欲望有所增加。从埃里希·昂纳克的"社会主义消费社会"愿景到卡达尔·亚诺什领导的匈牙利"炖牛肉共产主义"，中东欧的政权也试图通过消费来实现合法性。然而，很明显，尽管他们竭力宣传，但长远来看，他们未能实现目标。消费主义的愿望和贫乏的现实之间存在着太大的差异。

后社会主义国家感到有必要奋起直追了。只有发展了几十年的现代"美国"消费文化,才能解释为什么麦当劳在莫斯科(1990年)和华沙(1991年)开设分店会被称为当代史上名副其实的历史转折点。在剧变后的最初几年,由于缺乏购买力,更广泛人群的消费选择仍然非常有限。然而,在新千年伊始,转型国家的居民开始在几乎所有核心消费领域迎头赶上:汽车、厨房用具、品牌服装和手机纷纷涌入一个接受能力强大的市场。诚然,在购买力落后于欲望的情况下,这些产品的销售达到了其极限。但同样迅速传播的消费信贷在这里起到了助推作用。例如,在波兰,1993年只有8%的汽车是通过贷款购置的;到1996年,这一比例已经超过一半。与西方社会一样,消费成为社会进步的一个重要因素和象征。

至少从表面看,东欧较快地适应了西欧社会的消费习惯。早在21世纪初,尽管繁荣程度仍然存在差距,但在汽车和新通信技术的应用方面,可以看到明显的趋同。超市、家具店、汽车经销商和餐馆所提供的产品范围也越来越趋于一致。在消费文化方面,华沙或布拉格的城市中心很快就与巴黎或伦敦的城市中心几乎没有区别。从阿迪达斯到Zara,从奥乐齐(Aldi)到乐购(Tesco),各大连锁店和品牌迅速在新的东欧市场站稳了脚跟。

在媒体使用和休闲文化方面,可以观察到与消费类似的情况。例如,在整个欧洲,越来越多的电视频道以基本相同的节目形式争抢收视率:系列节目(包括许多美国节目)、脱口秀节目以及体育赛事的转播。广播的私有化和逐步商业化毫无疑问也产生了它们的文化影响。然而,同样无可争辩的是经济上的成功。电视和广播的规模扩张创造了新的增长点和新的高素质就业岗位。20世纪90年代的媒体热潮还以反馈效应的形式推动了广告业的发展。私营广播公司大多直接从广告收入中筹集资金。反之,他们也为广告提供了前所未有的传播媒介,并且是在黄金时间!其结果是电视、广播和电影广告空前增加。

因此,大众文化传播促进了当前时代的平等主义和全球化趋势。至少在表面上,它所塑造的市场允许个人自由选择。这使它自己与传统的关系脱钩,因此,在许多批评家看来,它越来越具有放任、享乐主义甚至自恋的特征。一种"自我艺术"似乎正在占据主导地位,其代价当然是对新的大众和媒体文化的闪亮产品形成新的依赖,甚至上瘾。

在西欧,已经有人提出这种批评,并在20世纪80年代开始对其进行讨论。而在中东欧国家中,最初甚至有更强烈的文化批判的冲动,其中一些与明显的反美怀疑主义相对应。即使是在对美国态度普遍非常积极的波兰——至少在20世纪90年代是如此——也不乏批评的声音。人们担心西方,尤其是美国大众文化和消费文化的压倒性影响会损害波兰人的身份。对波兰的"热狗文化"和"超市化"的担忧与那些谴责波兰地方主义甚至"文化封建主义"的声音形成了对抗。[2]

但不管有怎样的批判性分析,欧洲民众都并不关心。在作出民主和市场经济的"重大"政治决定后,欧洲人每天都在百万倍地利用被赋予的个人选择自由:他们去消费和旅行;他们使用新的通信技术,支持足球俱乐部;他们看电影和电视节目,听流行音乐。因此,新构建的欧洲空间越来越被"来自底层"的重复交易和活动所占据。至少表面上的同一性也盘活了群众的流动性。

事实上,随着全球市场的扩张,前所未有的消费增长与全球化时代空间的缩小之间存在着内在联系。消费和跨境是相互依赖的。在欧盟内部,所谓的《申根协定》对这一进程起到了决定性的推动作用。该协定于1995年生效,它取消了参与国边界的人员身份检查,并将其转移到外部边界。到2008年,《申根协定》的参与国数量增加到25个,这些成员国的公民可以在欧洲大部分地区完全自由流动。边境的海关和警察局大楼空无一人，很快就只剩标志提醒旅行者他正在进入另一个国家的领土。

总体而言，以日益密集的空中交通网络为基础，这一发展首先有利于旅游业。甚至在1990年之前，大众旅游的扩张已经使欧盟公民获得了"跨国"的旅行体验，其中也包括并不富裕的阶层。2005年，来自欧盟25国的近2亿欧洲人出国旅游。事实上，海外经验和跨文化能力早已成为重要标志，表明个人属于其社会的精英阶层。反过来，欧洲的教育、职能和经济精英也利用多样化的流动性来开拓欧洲地区，从而使其成为他们的"经验空间"和"行动领域"。往往从上大学开始，他们便拥有了第一次异国体验、外语技能和对异国风情的兴趣，这些都使得流动性职业成为潮流。一种新型的"跨国流动的欧洲人"应运而生。

欧洲内部史无前例的流动性本身有助于进一步协调。1989/1990年之前，移民问题大概只是一个西欧的社会议题。然而，在铁幕倒塌后，移民在共同成长的欧洲历史上书写了重要的篇章。

从1990年到2008年，大多数欧洲国家的外国人口比例都有所增大。除此之外，获得移入国国籍的人口比例也有所增大。由于入籍实践日益自由化，具有移民背景的人数在20世纪90年代和21世纪初的几年也显著增加。从1990年到2007年，仅德国、法国和英国这三个主要的欧洲目标国家就有近550万外国人入籍，而且这一数字还在持续上升。

2008年，共有3000多万外国人居住在欧盟27国，相当于总人口的6.2%。其中，约有1100万人拥有不同的欧盟公民身份，而超过1900万人来自欧盟以外。继卢森堡和列支敦士登之后，外国人比例最高的是瑞士，在1990年和2008年间，瑞士的外国人比例从 16.7% 上升到 21.1%。然而，从绝对数字来看，大多数移民分布在 5 个主要的目的地国家：德国、西班牙、法国、意大利和英国。2008 年，这 5 个国家的移民人数达 2360 万，即欧盟所有外国公民的四分之三以上。其他重要的目的地国家是比利时、荷兰、瑞典、奥地利和葡萄牙，每个国家的外国居民人口在 44.6 万（葡萄牙）和 97.1 万（比利时）之间。

东西向的人口迁移在历史上有过先例，如今作为一种重新出现的现象，规模也更显著了。其中包括季节性迁移，特别是将波兰的临时工人带到德国。事实上，由于德国就业市场的特殊性，波兰部分地区形成了"通勤社会"。因此，居住在德国的波兰人数量在 2000~2008 年从 291673 人增加到 413044 人。[3] 但自 21 世纪初以来，更多的东欧劳工移民选择了其他国家。英国很早就向东欧的求职者开放了边境。当然，这里的条件有时并不完全稳定。

然而，不确定的前景、减弱的社会保障力度以及报酬极低的工作，并没有阻止东欧和东南欧想要移民的人前往西方。特别是在波罗的海国家、白俄罗斯和乌克兰，以及罗马尼亚、保加利亚和南斯拉夫的继承国，人口一直保持净流出。

3　新的文化多样性

一方面，移民是一体化的推动力；另一方面，移民也加剧了文化差异。自千年之交以来，欧洲移民经历了一个根本性的变化。特别是在地中海地区，一种新的、前所未有的移民动态形成了。除了相对较新的欧洲内部"退休移民"现象，劳工移民和难民的数量也出现了爆炸性增长，尤其是前往意大利和西班牙的移民。由于地理上靠近非洲，西班牙和意大利很快就从人口流出的国家变成了首选移民国家。这也造成了棘手的问题：绝望的移民，走私团伙有组织的人口贩运，以及最终公众对移民持有的怀疑态度，引发了关于移民政策的长期辩论。同时，非欧洲移民的文化影响力给欧洲人带来了新的身份不确定性和关于他们身份的讨论。穆斯林移民前所未有地成为欧洲的一个问题。数十万甚至更多的印度尼西亚人和苏里南人来到荷兰，巴基斯坦人来到英国，土耳其人来到德国，北非人来到法国、意大利和西班牙。除了同样信仰伊斯兰教这一事实，他们之间没有太多共同之处。

到21世纪初，欧洲出现了一定程度的文化多样性，这至少是两次世界大战以来未曾有过的。人们对此的反应是矛盾的。一方面，在全球化进程中，欧洲可能表现得比以往任何时候都更加开放和包容。无论如何，"欧洲晴雨表"在20世纪90年代初期的分析表明，欧洲人愿意包容程度极高的文化多样性。另一方面，非欧洲移民动摇了欧洲身份中核心的、根深蒂固的既有元素。首先，欧洲思想史有着基督教信仰和人文主义——启蒙运动中的个人主义这两个重要根源；其次，欧洲的身份几乎总是区域性的，因此是地域性的；最后，欧洲人基本的"经验空间"是在国家或国家范围内形成的。就其本身而言，这些元素中的每一个都体现了经常被引用的欧洲的"多样性"。

到20世纪中叶为止，人口迁移大部分是在欧洲境内进行的，即主要是欧洲内部移民，绝大多数欧洲移民都信奉基督教，欧洲"身份"的共同基督教传统也不会受到他们的质疑。但是自20世纪后三分之一以来，"新的伊斯兰存在"成为一个问题。渐进式的全球化预示着欧洲和伊斯兰世界的关系进入了一个新时代。2001年9月11日恐怖袭击的影响、伊斯兰宗教激进主义的发展以及大量的仇外、反穆斯林的反应也肯定不会使这些关系变得缓和。其中也不乏耸人听闻的言论，警告欧洲正在"逐渐伊斯兰化"。[4]

这也就提出了一个问题，即已建立的民族国家应如何看待移民及其跨国身份。这个问题是欧洲议程上最具争议的问题之一。典型的案例是法国的"头巾事件"，首先是在1989年，后来在2003年，问题是是否允许穆斯林女学生在课堂上戴头巾。关于这一点的争论演变成一部"民族闹剧"[5]，也反映了共和主义的文化整合能力的局限性。因为2004年的法律明确禁止在国家教育机构场合戴头巾，这满足了教条通俗主义，但剥夺了实践的灵活性。在其他有穆斯林移民的国家，头巾也成为争论的焦点，一方面揭示了公众舆论的严重两极分化，另一方面导致了完全相反的立法和行政解决方案。禁止在公共场合穿布卡的禁令也引起了类似的问题，该禁令于2010年首次在比利时颁布，两年后①在法国颁布。

这些事件表明，即使是身份主要基于世俗主义原则的政治文化也面临着穆斯林移民带来的新挑战。事实上，有关文化身份及其在公共空间中的状况的不断重新谈判成为新欧洲历史的标志。这揭示了欧洲在21世纪初面临穆斯林移民的根本困境。一方面，西方开明个人主义的长期主张受到了挑战，因为个人自由发展的普遍权利显然也必须适用于穆斯林。但另一方面，如果伊斯兰势力和信仰传统对这一权利本身抱有质疑，那么原本清晰的观点就变得模糊不清。特别是关于女性在家庭、社会中的形象和角色，观念难以相容，鉴于此，以西方个人主义的名义对穆斯林的个人权利进行限制，便似乎合情合理了。对头巾和罩袍的禁令只是这方面最具象征意义的例子。

然而，与此同时，西方启蒙的价值规范包含了同样得到普遍接受的宗教自由和保护少数群体的原则。"尊重人的尊严、自由、民主、平等、法治，尊重人权，捍卫属于少数群体者的

---

① 此处疑为原作者笔误，因2011年法国已颁布布卡禁令。——编者注

权利……多元化、不歧视、宽容、正义、团结以及男女平等",上述理念构成了新兴的《里斯本条约》的欧洲价值观。根据自身的传统,他们责成欧洲人给穆斯林移民文化发展所需的空间,没有任何"如果"或"但是"。当然,在这种情况下,欧洲文化本身也处于危险之中,有可能失去其思想基础。

而基督教在这一两难境地中发挥了一种非常重要但却难以衡量的作用,这使得局面更加复杂。特别是当占领公共空间的象征行为引发讨论时,基督教和伊斯兰教两种文化背景的冲突便越来越频繁。

对欧洲人来说,在一个牢固的基督教身份基础上行动会更容易。但事实并非如此。欧洲人对自己的宗教传统,即基督教传统的重要性完全没有共识。相反,在每次关于欧洲"身份"的讨论中,对"基督教价值观"的争论都是核心议题,因此也从根本上暴露了不确定性。到底什么东西可以而且应该被认定为符合"基督教价值观",基本上一直没有定论。就连欧洲根植于"犹太—基督教"传统这个耳熟能详的说法,也经不起推敲。过去有太多的欧洲人认为犹太人和犹太社区的出现是有问题的,现代欧洲反犹太主义的历史同时也是一部对欧洲文化边界进行自我反思的历史。然而,人权经常被认为是基督教的传统。在这种解释中,人权产生于上帝赋予人类的不可剥夺的尊严,由此也确立了人身完整和自由的权利。从这个角度看,欧盟要进一步实现理想化的发展,前提条件是明确承认基督教传统,为此还必须主张诸如团结、辅助和男女平等的价值观。

不论以何种方式,这些声音在大多数欧洲国家都能听到。它们表明,认为欧洲具有明显的基督教特征,甚至认为欧洲文明以基督教信仰为起源的理念,在21世纪初仍然比过度自信的世俗主义者所愿意承认的要牢固得多,尽管他们也怀疑,现代多元化的欧洲实际上是会认同基督教的方向的。但同时也有观点称，鉴于法国、英国和德国强大的穆斯林社区，伊斯兰教或许已经成为欧洲文化的一部分，而积极信奉基督教的人数已经下降到10%~20%；在这种情况下，我们并不能得出"基督教价值观"具有排他性的结论，即使这一价值观在历史上也并不总是代表开放和宽容。因此，这场辩论反映了宗教在试图构建欧洲身份的过程中发挥着矛盾的作用。

毫无疑问，欧洲大陆的去教会化进程正在迅速进行。教会之间的联系继续减少，教会的公共影响力也在下降。然而，与此同时，宗教事业以一种新的方式获得了重要性。波兰"回归"欧洲的情况就是如此，凭借其强大的教会和波兰籍教宗，天主教在欧洲发出了清晰可闻的声音。而关于伊斯兰教在欧洲发挥或应该发挥的作用，也不乏类似的讨论。在战后的欧洲，宗教问题前所未有地引发了冲突、恐惧和不确定性。

关于教室里是否应该悬挂耶稣受难像的争论也表明了这一点，这场争论持续了多年，一直没有决定性的结论。在德国，联邦宪法法院已经在1995年处理了来自巴伐利亚州的一对持人智学（anthro-posophisch）观点的夫妇的申诉，并最终支持了该申诉。原告认为巴伐利亚州小学条例中所规定的悬挂耶稣受难像的做法是违宪的，因为它违反了该州的宗教中立义务。然而，法官们并没有达成一致意见，判决只以微弱多数作出。而巴伐利亚州急忙改革州立学校立法，以便耶稣受难像可以继续悬挂在教室里。欧洲层面的结果也同样含糊不清。2009年，斯特拉斯堡的欧洲人权法院裁定一位意大利母亲胜诉，她认为教室里的十字架违反了宗教自由的基本权利。与14年前在卡尔斯鲁厄的大多数法官一样，法院认为强制悬挂十字架是对父母根据自己的信仰教育子女的权利以及子女"信仰或不信仰"的权利的限制。[6]

正如预期的那样，与1995年德国的情况类似，这一判决引发了教会和保守派政界的愤怒抗议。意大利内政国务秘书阿尔弗雷多·曼托瓦诺（Alfredo Mantovano）称这一判决"毫无道理而且愚蠢"。他还称，人们必须扪心自问，在这样的法律基础上，米兰大教堂是否也应该被拆除。[7] 该判决证实了人们的感觉，即欧洲正在疏远其公民。不到两年后，欧洲人权法院推翻了判决。经过重新审查，在支持教会的各界人士的掌声中，法院于2011年3月18日裁定，耶稣受难像可以继续悬挂在意大利的教室里。虽然原告的论证"可以理解"，但作为一个仅仅是"被动的"宗教符号，耶稣受难像并不能与传教讲座相提并论，更不能与参加宗教活动的义务相提并论。此外，各个欧洲国家在制定文化政策方面必须保留一定程度的自由。[8]

这些例子深刻地表明，国家和欧洲的法学界要明确回答欧洲基督教"身份"这一复杂而模糊的问题是多么困难。这同时也明确说明所有身份形成的过程特征，以及新欧洲对其"基督教"身份的确定程度之低。多年来，关于是否应在欧洲宪法序言中应提到上帝的争论也证实了这一点，当然这种做法最终未能获得通过。与此同时，针对在公共场合压制基督徒身份之倾向的激烈抗议表明，欧洲的基督徒"身份"观念继续产生了多么强烈的影响。

西方启蒙运动的个人主义主张，与之紧密相连的宗教自由原则和保护少数群体原则，以及潜意识中发挥着效力的基督教身份认同，就像三块相连的拼图。在关于欧洲文化取向的讨论中，它们中的任何一块都不能被遗漏。但鉴于移民带来的日益增长的文化多样性，我们无法把它们作为一个整体来看待。这正是今天欧洲所面临的困境。

在宗教之外，特殊的地域意识构成了文化多样性的另一个来源。旧的"民族"和地区主义的潜力在欧洲各地被重新激活。这些主义主要是关于新的分权和区域自治形式，相应的运动也取得了一些惊人的成功。西班牙的例子就说明了，在国家秩序内，区域多样性在不同地方的发展状态是多么大相径庭。作为对佛朗哥时代集权制的反应，以及由于西班牙内部人口南北迁移规模扩大，现代地区主义在伊比利亚半岛发挥了特殊作用。在1978年的新宪法中，权力下放也至关重要。但是，尽管区域自治政府在西班牙国内大部分地区的和平与和解中发挥了重要作用，但在巴斯克地区却并非如此。在这里，以民族主义为导向的恐怖组织埃塔的暴力分离主义在整个20世纪八九十年代和21世纪初威胁着国内和平。1979年政治自治法范围的扩大在2005年也以失败告终，因为西班牙议会中的绝大多数人担心巴斯克地区政府的草案会导致分裂。与其他地区相比，争取独立的努力对应了一种更强烈的同时也备受争议的倾向，即主张要从种族角度理解巴斯克民族。

在加泰罗尼亚，直到最近几年还没有明显的分离主义，1977年重新成立的地区政府稳步扩大了自治。在一项新近议定的，于2006年生效的自治法规中，该地区在文化、社会和卫生政策领域，甚至在内部安全领域获得了广泛的自治权。与此相匹配的是，加泰罗尼亚与西班牙中央政府合作实施了一项非常务实的语言政策。

在某些方面可以与加泰罗尼亚的情况相比较的是苏格兰的发展。自1707年与英格兰统一以来，苏格兰也许是能体现一个欧洲民族没有自己国家的最明显例子。苏格兰的利益在整个英国国家中得到了充分体现，因此，在19世纪和20世纪的大部分时间里，苏格兰民族主义的影响力有限也就不足为奇了。然而，从20世纪70年代和80年代起，这种情况发生了变化，从中可以看到人们对日益增强的全球化趋势的鲜明反应，但也可以看到对英国内部问题的态度。经济、社会和政治动机同样促进了苏格兰民族性的凸显。在玛格丽特·撒切尔执政年代，英国的去工业化，与之密切相关的还有对英国福利制度的猛烈攻击，对苏格兰工业区打击尤为严重。对伦敦政策的不满成为苏格兰渴望更多独立性的潜台词。诚然，直到1999年，由于明确的公投结果，地区议会才在爱丁堡召开。在英国历史上，这一事件的转变具有轰动效应，因为它破坏了1707年的部分联盟。然而，苏格兰民族党争取完全独立，这意味着世人熟悉的包含苏格兰的英国版图形状将不复存在，不过这一目标在2014年9月18日举行的公投中以失败告终。在投票日前不久，民意调查预测独立的支持者将获得多数票，紧张局势接近"沸点"。但是，当这一提议被超过55%的苏格兰选民拒绝时，紧张的气氛在悲伤中得到一定的释放，但更多人因为英国没有分崩离析而长舒了一口气。

加泰罗尼亚地区政府则受到苏格兰公投的鼓励，要走同样的道路。多年来，享有自治权变成了一种强烈的加泰罗尼亚分离主义，现在那里也想通过全民公决来实现独立。选举日定为2014年11月9日。然而，当西班牙宪法法院禁止这一公投时，加泰罗尼亚地区政府不得不暂时取消此次公投，最终只是进行了一次法律上没有约束力的协商性民意调查。

尽管他们目前不可能完全独立，但加泰罗尼亚和苏格兰仍然可以被视为新欧洲加强权力下放的杰出范例。在不改变国界的情况下，文化自治法规和立法权限的转移有助于满足日渐强烈的地区主义主张和民族诉求。还有其他的例子，比如南蒂罗尔和科西嘉。例如，在特伦蒂诺，南蒂罗尔人民党从一个统一运动，一跃在1972年新达成的区域自治协议中成为准霸权受托人，同时成为省级行政权力的主要受益者。1981年，法国总统弗朗索瓦·密特朗首次承认科西嘉人的文化和"民族"自治，科西嘉也从法国和欧盟为地中海岛屿的区域发展提供的大量财政资源中受益。20世纪80年代以来，在特伦蒂诺和科西嘉岛，以前经常使用恐怖主义手段的民族区域冲突大大减少。

然而，比利时提供了一个反例，表明即使在逐步分权的条件下，冲突也可能大规模加剧。比利时自1831年建国以来，最初按照法国模式构建，在政治上由讲法语的瓦隆地区占主导地位，佛兰德人口在对荷兰语的认可方面仅取得了缓慢的局部性进展。这一局面最终导致了严重的冲突。从20世纪70年开始，一个极其活跃的权力下放和联邦化的过程开始了，这或多或少地将比利时从单一国家转变为联邦国家。1993年以来，君主制将自己定义为"由社区和地区组成的联邦国家"（《比利时宪法》第1条）。佛兰德、瓦隆和首都布鲁塞尔这三个自治区①被赋予了国家的特点，例如拥有地区政府、直选的地区议会以及广泛的立法和财政权力。

诚然，新宪法为平息分裂主义倾向提供了极大的帮助。然而，争论的焦点仍然是布鲁塞尔这个大都市。虽然它位于佛兰德地区，但由于其国家首都和欧洲首都的功能以及布鲁塞尔老牌资产阶级的法语传统，它已经成为以法语为主的地区。布鲁塞尔及其周边地区讲法语的比利时人的法律地位，特别是布鲁塞尔哈勒－维尔福德（BHV）选区的命运，成为持续争议的主题，日益毒化比利时国内政治。2010年春天，莱特姆政府因该问题而倒台。在随后于2010年6月13日举行的新选举中，由巴特·德韦弗（Bart de Wever）领导的新弗拉芒联盟（Nieuw-Vlaamse Alliantie）在全国范围内赢得了最多的选票，成为比利时联邦议会中最强大的政党。德韦弗事先曾表示要"逐步"将佛兰德从比利时分离出去。批评的声音认为，年轻的比利时联邦制类似于"离心联邦制"，在这种联邦制中，权力中心是"无能为力的"，因此很难在各民族之间找到必要

---

① 或称为弗拉芒大区、瓦隆大区、布鲁塞尔大区。——编者注

的妥协。这种声音现在已经明显加强。[9]

欧洲存在着强烈的地区主义倾向和次民族国家身份认同观念（Subnationalstaatliche Identität），它们显示，一种后民族主义的（postnational）"双重身份认同"或许是行得通的。大量调查显示，许多人认为他们是"加泰罗尼亚人和西班牙人""苏格兰人和英国人"。就连在巴斯克地区和比利时，这种双重忠诚依然存在。因而20世纪80年代以来，民族和民族国家的"强硬"的限制就开始以两种方式软化：一是地区"自下而上"提出自治诉求，二是欧盟"自上而下"进行监管。从乐观的角度来看，这种机制使欧洲人能够以一种特殊的方式既维系区域纽带，又培养世界公民主义，从而在地方性和世界性之间建立一种新的、富有成效的联系。

因此，在欧盟，"地区"也被认为特别适合充当联结欧洲首都布鲁塞尔和公民个体的纽带。地区可以被视为欧盟超国家结构中的一个重要环节，因此，共同体设立了"地区委员会"这一常设机构。

由于全球化、移民和地区身份构建中的新形式，跨国性和文化多样性已成为新欧洲的标志。它们与欧盟及其成员国所体现的欧洲政治的多层次模式相对应。在20世纪90年代，由于担心东欧重新出现民族冲突，欧盟制定了高度差异化的少数民族保护法典。2001年①，欧洲理事会通过了《欧洲区域或少数民族语言宪章》。因此，无论是基于新的地区主义，还是作为移民浪潮的结果，欧盟为日益增强的次国家身份认同（Substaatliche Identität）趋势创建了一个超国家和超民族的参考框架。

---

① 此处疑为原文有误，该宪章于1992年在斯特拉斯堡订立，于1998年正式生效。——编者注

第三章
"民主的危机"？

1 民主政治的形式转变

自20世纪80年代以来，在政治上主张文化多样性和新身份的趋势已经十分明显，这表明人们对实行民主政治的民族国家、这些国家的政党以及其他大型政治组织越来越不信任。该趋势也对应着一种需求，即在一个无疑因全球化而加速变化的社会环境中，人们现在更需要在较小的空间尺度上找准发展的定位。因此，对精英的不信任和对发展方向的需求是这个时代决定性的政治驱动力。

所有西方民主国家都在遭遇困境，当然这并非什么新鲜事。这是不断加速的现代化所带来的后果，它与日益复杂化的社会现实及更多的偶然事件相伴而生。然而，新的情况是，那些在过去建立起来反对复杂性和偶然性的机构在20世纪末失去了约束力。特别是，民族国家解决问题的能力已经下降——至少表面上是如此。而其他历史悠久的机构，如家庭和教会、协会和其他辅助性的组织，凝聚力也在下降。

伴随着对传统体制的侵蚀，强大而崭新的个性化和多元化发展动力出现了。除了由宗教和性别角色、由教育和就业构成的传统生活方向，20世纪70年代以来，人们也对隐私权和自决权提出了新的诉求。在前所未有的繁荣、不断提高的教育水平和日益丰富的休闲和消费活动的基础上，一方面，人生有了更多选择，即个人在人生规划上拥有多种可能性；另一方面，这不仅导致了前所未有的生活方式的多元化，而且带来了新的决策压力。

职场的变迁和工作年限的缩短、家庭约束力的减弱以及对自我实现的渴望增加了社会的复杂性。这给政治带来了大量新的难题和有待解决的法律问题，对政治监管的需求也相应增加。政治在社会上变得更加开放，更加"包容"，因而更加民主；政治参与者人数增多，不过他们必须适当降低自己的期望和要求。同时，民主选举产生的当权者进行的政治实践十分复杂，而公众和选民对民主政治提出的要求却相对浅显，二者之间的鸿沟正变得越来越大。

新的文化多样性和社会多元化也与全球化的社会政治挑战有关。尤其是那些财富依赖于国界保护的群体——例如传统的工业劳动者或小储蓄者，他们不得不将全球化视为一种威胁。这增加了政客们的压力：他们必须改革已建立的西方福利国家，以保持其运作。然而，与此同时，政客们不得不考虑全球变化的"输家"和"赢家"之间日益加剧的社会两极分化。结果是，欧洲国家行政历史的当前阶段出现了一个根本悖论。一方面，克服危机最重要的秘诀是减少政府干预、实施私有化和释放市场力量；20世纪八九十年代的"新自由主义"政策本身为全球化奠定了基础。然而，另一方面，国家越来越深入地渗透到社会的某些领域，这些领域体现了个人化和各方面需求的螺旋式增长以及全球化带来的新的脆弱性：特别是社会福利、就业和税收政策方面，法制化发展蒸蒸日上，政治也逐步走向社会化/私人化。再加上经济结构变化和增长率下降，欧洲社会的政治风险显著增加。尽管民主政治必须解决更复杂的问题，但它也必须在更具体、更实际的政治领域使自己合法化。一方面，欧洲政治家设计全球化战略，与失业作斗争，不得不控制快速增加的国债，并寻找应对气候变化的方案。另一方面，面对提出抗议的民众（比如在法国，人们大规模抗议将最低退休年龄从60岁逐步提高到62岁；又比如在德国，人们反对限制医生收入的增长；再比如在希腊，人们反对为了支付法定营业税而强制引入收银机），政府必须设法证明自己的正确性。

在这种背景下，民主政治的形式发生了变化，一个重要特点是"非正式化"趋势增强。这意味着非正式程序使传统立宪机构的重要性有所削弱。实际上，所有政府都试图通过咨询专家，通过政党和其他政治行为者之间的非正式协议来应对日益增加的系统复杂性。20世纪80年代以来，对这一趋势的批评显著增加。批评者强调非正式决策是违宪的，并对决策透明度之丧失表示遗憾：民主政治正在缓慢却不可阻挡地经历着"去议会化"。事实上，议会似乎过多地受制于政府机构。议员个人缺乏技术手段，也没有时间发展自己的政治影响力。最后，留给议会的唯一选择是表决通过内阁事先谈判得出的决定或谈判后得出的非正式决议。

议会作为政治决策过程的核心机构，其地位的降低与政治形式的另一个变化有关，它可以被描述为"媒介化"，并强调了政治具有"表演性"。这主要是受到无处不在的电子媒体影响。电子媒体对政治行为体施加了持续且递增的压力，而后者又不得不适应这种情况。因为媒体的持续施压要求政治行为者使用的话语不能让公众挑出刺来。因此，面对"华而不实"的空话和政治家公式化的发言，抱怨也随之蔓延。相反，政治家们甚至越来越需要通过媒体将自己置于正确的位置。至少他们越来越不满足于作为被报道对象，而是积极地挤到媒体镜头前。通过这种方式，政治家可以提高知名度，强调自己的政治分量。

媒体结构的这种变化导致职业政治家的形象出现问题，他们对自己的职业生涯和养老金非常感兴趣，对实际的问题却再也说不出什么有见地的话。政治话题越来越频繁地被带上脱口秀节目，至于是否客观，人们完全可以提出不同意见。政治人物过度的自我表现和有时歇斯底里的对台戏证实了公众对"信息娱乐"、政治的作秀特征和空洞无物所提出的批评意见不是无稽之谈。因此，20世纪80年代以来，在西方民主国家中观察到了一种共同趋势：一方面是政治的公开表达，另一方面是现实十分复杂且很难谈论具体的政策，两者造成了一种撕裂。

其后果是矛盾的。媒体在降低现代政治的复杂性方面发挥了不可或缺的作用。然而，他们对政治议程设置的影响力也在增强，这使得广大选民渐渐地只了解媒体所传达的政治。但是，当公众不再能够区分政治和媒体对政治的呈现时，政治决策便在字面意义上被"媒介化"了。

此外，媒体权重的增加也对应着明显的个性化趋势。早期的政治人物通常代表着具体的内容和立场，因此他们的当选可以被认为是对某种政治方向的选择，而最近的发展则侧重于内容之外的人本身。这也揭示了新时代的悖论。在全球挑战和政治空间边界消解的时代，政治人物的作用变得更加重要，这符合内在逻辑。毕竟，精心策划的国际首脑会议和部长级会议难道不是越来越频繁地作出了"关乎生存"的重大决定？政府首脑和部长级领导人经常在国际高层会议上找到一个舞台，这也使他们能够短暂地逃离国内日常政治的低谷。这给人留下了个人权力能够产生相当大的回旋余地的印象。然而，与公众的看法相反，个人事实上的决策空间在不断缩小。顶级政治家的行动范围和个人"权力"往往被国际危机管理的限制所耗尽。

因此，尽管最高层的民主政治家习惯了国际上的"闪亮登场"，但他们在国家公共领域却扮演着完全不同的角色。在国内，他们本身作为不可或缺的媒介和反映现实的"镜子"，实际上模糊了政治实践的复杂性。他们经常被要求对政治问题作出回答，而他们由于客观原因无法作答，或者由于顾及选举和民意调查结果而不想作答。他们倾向于谈论经济和政治限制，以强调其任务的偶然性并减轻其政治责任，这样的做法并不罕见。

然而，那些倾向于民粹主义的政治家，为了自己的目的，相当刻意地利用了个人化的趋势。如果个性化是降低民主制度复杂性的一种必要形式，那么他们或许也能从中获得直接的政治资本。这方面最精彩的例子是意大利媒体大亨，亿万富翁西尔维奥·贝卢斯科尼（Silvio Berlusconi）。在他升任意大利总理的过程中，政治中的亲信化、财阀化和私人价值的提升齐头并进。显然，揭露隐私生活的新型个人化趋势得到了公众越来越普遍的认可，他们认为政治主要就是娱乐。而贝卢斯科尼，这位在其政治生涯中也没有放弃他那基于性的大男子主义嗜好的总理，为这种八卦提供了充分的谈资。

这将他与2007~2012年在任的法国总统尼古拉·萨科齐（Nicolas Sarkozy）联系在了一起。萨科齐也是经常被漫画讽刺的那种人物，是利己主义这种新政治风格的代表；可以说，他是一位后现代主义总统，他的过度活跃往往掩盖了事物背后的政治本质。他有意将自己塑造为一个在媒体眼皮底下公开使用手机并发短信的总统。

此外，萨科齐所秉持的当代婚恋观也引起了轰动。他与前模特卡拉·布吕尼（Carla Bruni）的闪婚在总统与T台和流行文化圈之间架起了桥梁，这正是文化媒体全球化前所未有的产物。诚然，萨科齐富有象征性的联结作用与法国主流对戴高乐新一任接班人的期望大相径庭。但不正是因为如此，他才赢得了新的、年轻的选民阶层的支持吗？而且萨科齐不是已经作为右翼候选人把国民阵线彻底击败了吗？

然而，个性化风气日盛也导致了公众意识的提高，他们对满足私利的政治滥用行为乃至公然的腐败越来越敏感。2010年年中，涉嫌非法获取资金对萨科齐的伤害远远超过了隐私公开所造成的伤害。不当行为包括部长的公务用车事件和牵涉大批议会精英的财务丑闻，如 2009/2010 年英国下议院发生的"报销门"事件。欧洲政客卷入的大小丑闻不胜枚举。是否以辞职为结局，取决于当事人和公众的容忍度有多高。2012 年初德国联邦总统克里斯蒂安·武尔夫（Christian Wulff）的下台也是如此。尽管他引起了极大的关注，但武尔夫受到指控的行为事实本身并不十分引人注目。这指出了现代民主政治的另一个悖论：乍一看，几乎所有地方都采用了更严格的规则，这似乎表明了民主的生命力；然而，仔细观察会发现，这种活力最终只是针对政治家本身，而不断扩大的私营部门和一些媒体有时几乎是明目张胆地蔑视公众的监督。

媒介化和个性化，这些都是政治形式变化背后的决定性驱动力，它们共同助长了欧洲的"政治不满"。在许多人的印象中，政治在当代民主制度中趋于堕落。由选举和选举日期框定的时间结构与解决问题实际所需的时间之间有着显而易见的差距，它带来了双重问题：政党和政客是否过于自私，只对短期巩固权力感兴趣？还是政治改革进程过于缓慢，而且几乎没有取得令人满意的结果？无论如何，对政治及其机构和代表的不满就像一条红线，贯穿了 20 世纪 90 年代和 21 世纪初的历史。然而，与此相反，人们对无力感有着深刻的认识，这种认识常常困扰着政治官员和当选代表；他们因为不能在"外部"充分代表和"推销"他们的行动和决定而备受困扰。

2 陷入批评旋涡的党派

政治形式的变化以一种特殊的方式影响着政党。在欧洲民主史上，党派最重要的功能之一就是将大众融入民主决策过程。政党形成了政治与社会之间的决定性接口，通过关注社会问题并将其纳入政治议程完成中心任务。当然，从英国的两党制到荷兰或意大利更加极化的多党制，不同国家有不同类型的政党制度。此外，英国和法国没有明显的基督教民主党运动，而这一运动在大多数其他西欧国家都发挥了核心作用。

因此，具体而言，政党制度沿着不同的国家道路前进。尽管如此，我们仍可以认为西欧政党制度具有同一种历史类型，不同国家的具体细节可以被视为其变体。这种类型可以被描述为一种两极多党制，即两大集团的并列，它们在政府中以一定的规律性和不同的联盟交替执政：由社会主义者或社会民主党人组成的"左派"，以及由基督教民主党人、保守派和自由保守派组成的"右派"。与此同时，西欧政党文化的特点是在结构上排斥体制内的极端主义反对者参与政府，并在必要时强调中间民主派的共同性。

在这样的背景下，政党制度发展了一种持久的联盟文化，在德意志联邦共和国有三个政党，在奥地利有一种同样永久的大联盟文化；在英国，基于多数票的传统两党制继续存在；在第五共和国的法国，戴高乐主义者周围的"右翼"和资产阶级党团 UDF（法国民主联盟）与社会党之间形成了一种战略对应关系；另外，在意大利，基督教民主党人和社会党人之间的相互作用也创造了一种两党制，将激进派政党排除在外。尽管在细节上有所差异，但在所有西欧民主国家，总统、政府首脑和部长都来自经典的政党谱系，即社会民主党阵营或社会主义者、基督教民主党或保守派以及自由派阵营。在这方面，我们当然可以说，在1945年之后的一段时间里，欧洲政党发展具有共性。它们的稳定性与几十年的繁荣平行发展，这绝非巧合。

然而，这也是有代价的。在经济富足的时代，政党及其政客越来越多地为自己争取特权，这反过来又使他们越来越依赖国家。在20世纪70年代末开始的经济匮乏时期，这恰恰又成了公众批评政党的一个决定性杠杆。在公众眼中，政党似乎越来越不愿意将自己的角色和致力于公共利益的国家区分开来；相反，他们似乎在越来越残酷地掠夺国家。

在极端情况下，这会滋生腐败。20世纪90年代以来，没完没了的政党非法筹款事件已经深入主要民主国家的政治生活，就像癌变一般。在德国，1999年开始的基民盟广泛的政党捐赠事件给赫尔穆特·科尔的总理任期投下了深深的阴影。在英国，苏格兰民族党于2006年掀起的所谓"现金换荣誉"丑闻成为长达数月的新闻头条。执政的工党被指控为慷慨的捐助者谋取权位，帮助他们成为上议院的终身成员。最终，检察院撤销了此案，理由是勋爵头衔虽很可能是用金钱换来的，但没有证据表明事先达成了这样的协议。最后，在2010年夏天，法国总统萨科齐和他的政府承受了相当大的压力，因为他的竞选活动被揭露得到了亿万富翁莉莉安·贝当古（Liliane Bettencourt）的非法捐款支持。

意大利的政党腐败最为戏剧化。1992年米兰开始进行地方调查，并很快扩展到全国。早在1993年，就有超过150名意大利议员和约900名当地政客受到指控。以意大利社会主义党（PSI）负责人贝蒂诺·克拉克西（Bettino Craxi）为首的许多知名政治家都被卷入了调查。两个传统的大党，社会主义党和基督教民主党在1993年和1994年的投票中摇摇欲坠，最终解散。结果是意大利政党体系的彻底重组，此时它的显著特点是民粹主义力量的崛起，例如北方联盟（Lega Nord），以及贝卢斯科尼领导的意大利力量党（Forza Italia）。

当然，把民主国家的政治转型归结为其政党的腐败，那未免过分简化了问题。总而言之，丑闻仍然是例外，而不是常规；它们通常被调查媒体和警惕的公众揭露出来，因此西方民主国家可以炫耀他们有一定的透明度。无论如何，对政党的批评和潜在的信任丧失有更深层次的原因，而且绝不仅仅是国家原因。事实上，20世纪70年代末以来，欧洲老牌精英的政党制度就面临着一系列的复杂问题，这些问题不可避免地改变了民主政治的形式。随着老一代政治家的逐渐卸任，物质分配的范围也越来越小。繁荣时期的丰裕过后就是匮乏。预算整合和增长乏力、失业和社会公正缺失等核心问题成为政治议程上的永久话题，它们对各党派的政治纲领权力提出了最严峻的挑战。此外，在"后繁荣"[1]的经济困难时期，传统阵营以及老牌政党数十年来吸引成员和选民的基础加速瓦解。

工人党在这方面的经历尤为痛苦。传统的工业劳动力构成了该党一个多世纪以来忠实的成员和选民，而这一群体被迫经历了一场结构性变化。在向后工业服务社会过渡的过程中，工人在数量上有所缩减，他们的工会密度也有所下降。生活水平的普遍提高和工作年限的缩短在消费和休闲方面带来了新的优先权。结果是他们的生活已明显偏离传统的工人阶级文化及以工人身份为基础的组织。因此，工人政党在成员人数减少、选举成绩下降和社会影响力下降的困境中挣扎。但在传统的教会附属机构和资产阶级自由派的环境中，不断变化的价值观和个人化趋势也动摇了政党的政治权威。严格的"保守"或受宗教约束的基于家庭纽带、性别秩序和责任伦理的生活概念失去了说服力。在这些条件下，由欧洲老牌精英创建的政党体系的整合能力明显下降，民众对既定政党的认同感也迅速下降。会员流失，选民的稳定性也受到影响。与此同时，还出现了民族、文化以及社会经济方面的新裂痕，这在选民中造成了新的不稳定。

在20世纪90年代和21世纪初，所有民主党派都试图主要通过向社会中心推进来实现自身的调整。至少从表面上看，这个过程稳定了政治制度。但它伴随着相当大的风险。社会民主党和社会主义政党终于告别了传统的阶级联系。他们接受了日益增加的竞争压力和市场主导地位，并改革社会制度以保持其核心功能的必要性。2000年前后，由托尼·布莱尔（Tony Blair）领导的英国"新工党"和由格哈德·施罗德（Gerhard Schröder）领导的德国改革议程是这一趋势中最突出的例子。相反，基督教民主党和保守党则接受了社会和文化变革的后果，放弃了基于宗教或民族的基本立场以及社会政治的"倒退"。相反，他们专注于自由化和私有化，专注于市场优先和国家干预的减少，但这又有可能威胁到他们价值保守的拥护者。在这里，保守主义的老困境，即既想保留传统价值观，同时又必须为社会和文化现代化找到答案，以一种新的形式重新出现。因此，基督教民主党和保守党打算用什么途径来解决这一困境仍然是一个悬而未决的问题。

赢得中间阶层的策略对于实现战略多数是绝对必要的。但这也不可避免地让自己的形象打折扣。在内容上，两大阵营也因此越来越接近。但正是这一点疏远了更传统、更依赖政治气氛的信徒，不管是"左派"还是"价值保守派"。因此，中间阶层带来的收益是通过身份的丧失获得的。

在这种背景下，传统政党制度的整合能力越来越弱。新的政党出现了，它们参加选举，进入议会，并改变了既定的两极多党制。绿党早在20世纪80年代就开始宣称自己代表一种新的政党趋势。他们的方案侧重于环境与和平政策、妇女的平权和社会正义问题。绿党在年轻的、居住在城市的选民中找到了他们最强大的拥护者，这反映了西欧发达社会的环境变化。在德国、奥地利和瑞士都有绿党的阵地。在20世纪90年代和21世纪初的议会选举中，这里的新政党经常取得6%~10%的选票，这使他们的政治分量越来越重。1998年，绿党成员在德国首次进入国家政府担任部长并非巧合。在斯堪的纳维亚和荷比卢国家,以及在法国(程度虽较轻),绿党也能在国内政治中发挥一定的作用,然而,这远比不上他们在德语国家的重要性。

与此同时,20世纪下半叶出现了新的地区主义政党,或者说现有的这类型政党获得了决定性的力量。西班牙的情况就是如此,在佛朗哥死后,古老的传统得到了复兴。在加泰罗尼亚和巴斯克地区,以地区主义为导向的政党变得越来越重要。在苏格兰,苏格兰民族党(SNP)20世纪70年代以来一直高歌猛进,在90年代和21世纪初的大选中,也总能获得大约20%的苏格兰选票。随着1999年苏格兰权力下放和独立的苏格兰议会的成立,该党获得了压倒性的成功。

虽然西班牙和英国的地区主义政党将自己融入了占据主导地位的国家政党体系,但比利时和意大利的地区主义政党往往发挥着打破制度的作用。在期待比利时国家联邦化的同时,政党制度事实上的区域化从20世纪60年代就已经开始了。首先,民族地区主义政党,如佛兰德的"人民联盟"(Volksunie)和"瓦隆联盟"(Rassemblement wallon)在该国的法语区确立了自己的地位。在这种发展的影响下,传统的大型政党基督教民主党和社会党,在佛兰德和瓦隆地区分裂为地区性的子组织。1979年极右翼分离主义弗拉芒集团(Vlaams Blok)的成立(自2004年起为弗拉芒利益党)加强了比利时政党体系的离心力。

在意大利北部,区域自治团体在20世纪80年代也经历了显著的地位上升。1991年,由意大利北部的几个早期联盟组成的北方联盟对传统意大利选举制度的垮台作出了不小的"贡献"。在具有超凡魅力的翁贝托·博西(Umberto Bossi)的领导下,新党早在1992年就实现了全国性的突破。在社会主义和基督教民主环境的大力支持下,它获得了波河以北17%的选票。1996年,在传统政党制度已然没落之时,北方联盟在全国范围内获得了超过10%的选票，取得了其历史上最好的选举结果。在随后的一段时间里，博西和他的政党与贝卢斯科尼的意大利力量党保持距离，并强化了他们的分裂主义言论。这样做的代价是票数的下降和政治上的一段孤立期。直到2008年，北方联盟才得以恢复早期的成功，达到8.3%的得票率。即使这一得票份额在2013年再次减半，但北方联盟作为一个地区主义政党，已经成为意大利政治和议会权力的永久参与者。

地区主义政党和其他右翼民粹主义政党在绿党只取得小范围成功的地区重要性尤为突出，这并不是巧合。基本上，绿党和地区主义政党通过满足超越民族国家和传统政党制度的新的政治—文化身份需求，履行了类似的职能。然而，他们对全球化和强制结构性变化的挑战所给出的答案也几乎没有什么不同。通过从生态学角度进行论证，并参考自决的基本权利，绿党将普世价值体系定为自己的方向。与此同时，地区主义和右翼民粹主义政党则以其祖国的特殊价值观为论据，因此，民族地区主义、自治主义和联邦动机并不总是能够被明确地加以区分。

3 来自右翼民粹主义的挑战

弗拉芒集团和北方联盟等政党是地区主义力量轻易与（右翼）民粹主义的行动和言论相结合，甚至与极右翼的意识形态相结合的例证。这可能是长期下来改变传统政党制度最重要的一类新兴政党。事实上，右翼民粹主义政党在一些国家是最大的挑战，20世纪80年代中期以来，新型民粹主义倾向对政治文化产生了持久的影响，甚至改变了政治文化；到21世纪初，民粹主义政党已经成为政治光谱不可分割的一部分，首先是在法国、意大利和奥地利，后来又在许多其他国家。

民粹主义运动的出现与20世纪80年代以来推动政治形式

变化的趋势密切相关，这并非巧合。由此产生的对政治和政党希望的破灭，为民粹主义者开辟了新的选民空间，使其得以立足。同时，政治的个性化和媒介化使民粹主义领导人更容易简化复杂的政治现实，把人们的注意力集中到他们个人身上。事实上，他们的"魅力"是成功的一个必要条件。无论是让-玛丽·勒庞（Jean-Marie Le Pen）、约尔格·海德尔、西尔维奥·贝卢斯科尼还是皮姆·福图恩（Pim Fortuyn），他们都在媒体报道政治的层面中找到了一个合适的、倾向于表演的活动领域。他们通过有目的的两极分化和二分法的解释方式开展政治论辩。在这个过程中，他们回应了这个时代对现代化和全球化的特定恐惧。在世界环境变得更加不明确、生活前景更加充满偶然性、恐惧不断扩散蔓延的地方，依靠明确的决定和行动来保护自己的群体免受外部威胁，似乎是唯一的应对措施。

总的来说，除了左翼民粹主义在德国以及一些中东欧国家取得的些许成功外，民粹主义主要集中于极右翼。其原因主要在于，"左翼的"、普遍性的原则无法保证人们免受全球化和跨国主义的动态力量的影响。似乎只有退回到领土有限的空间，如民族国家或有类似政治结构的区域，才能提供这种保障。由于它们有时有密切的联系点，要准确地将民粹主义和右翼极端主义分开并不容易。尽管如此，我们仍可以而且必须作出区分：民粹主义是在全球化和政治形态变化的条件下产生的。在这方面，它始终是现有的二分法思维和社会情绪的载体，主要是将"人民"和被指责为腐败的政治家对立起来。在这方面，民粹主义政治的二元结构也总是针对既定的代议制民主的代表。

这要区别于狭义的右翼极端主义。它植根于意识形态上较古老的传统，借鉴了种族主义和民族主义的不平等概念，并不一定依赖于有魅力的领导人。例如德国的国家民主党或挪威的阿恩·默达尔（Arne Myrdal）发起的人民反对移民运动。他们尽管培养了一种日益激进、暴力的言论，并引发了内战和对民主政客的报复行为，但几乎没有产生任何广泛的民粹主义影响。相比之下，比利时弗拉芒集团、法国国民阵线和丹麦人民党（Dansk Folkeparti）也可以被视为右翼极端主义政党，但它们以民粹主义政治形式在选举中取得了相当大的成功。因此，民粹主义的形式与右翼极端主义的内容之间的密切互动始终是可能的。

然而，最尖锐的民粹主义排斥形式是针对移民的。正是在这方面，民粹主义、右翼极端主义和公开的新纳粹团体之间的界限是模糊的，这些团体从古老的法西斯主义和种族主义中汲取了他们的理念。

法国人让－玛丽·勒庞可以说是成功的民粹主义政治家的典型。1972年，前外国军团成员、抗议党议员皮埃尔·布热德（Pierre Poujade）当选为新成立的国民阵线主席。该党借鉴了民族革命和天主教反革命传统，整合了法国右翼极端主义的所有主要分支。反共产主义和反社会主义、民族主义、法国身份的"纯洁性"以及内外防御、人民和国家的有机概念，是该党宣传中最重要的关键词。然而，勒庞本人成了成功的决定性因素，他将不同的潮流捆绑在一起，并在个人化和媒体化的政治舞台上将其推向高潮。他的机会出现在1981年的权力更迭和弗朗索瓦·密特朗领导的左派政府时期，这导致了法国政党体系内的两极化。

勒庞的长篇大论专门针对主要来自（北部）非洲的非欧洲移民，引起了法国右派的强烈共鸣。在1984年的欧洲议会选举中，国民阵线以超过11%的有效选票取得突破。对勒庞来说，成功带来了持久的媒体影响力，持续了二十多年，这主要基于稳定的、两位数的得票率。他利用这一点，采取了复杂的沟通和挑衅策略，而且在丑闻的边缘游走，动员了法国六分之一的选民，将他们牢牢掌控。勒庞在2002年的总统选举中达到了他的政治生涯巅峰，当时他在第一轮投票中以微弱优势击败了社会主义候选人利昂内尔·若斯潘（Lionel Jospin），并与时任总统雅克·希拉克（Jacques Chirac）一起进入了决选。这相当于对法国社会主义者的羞辱，他们在第五共和国的历史上第一次感到不得不投票给右翼候选人以防止"更糟的情况"。尽管如此，勒庞还是在第二轮投票中再次提升了他的得票率，以超过550万张选票取得了17.8%得票率的惊人成绩。然而，在第二轮投票中，相当不受欢迎的希拉克以82.2%的得票率创下总统选举历史上的最高纪录，也可以被解读为明显反对勒庞的公民投票。

国民阵线与以前的极右翼运动不同，它有一个多元化的选区，覆盖了传统的分裂。作为一个典型的"一揽子"运动，它在几乎所有人口阶层中都找到了支持者。勒庞在大中城市的比例最高，移民在这些地方是一个切实的地方问题，工业结构变化和高失业率已经留下了痕迹。勒庞得票率最高，他的选民多为年轻男性、小型个体经营者或产业工人，但也有一些社会地位相对高的中产阶级成员。

民粹主义领导人的第二个"典型"是奥地利人约尔格·海德尔（Jörg Haider），他于1986年当选为奥地利自由党（FPÖ）主席，他依靠的是非常相似的选民储备。自由党的纲领和其领导人展示的自我形象让该党发出了一个看似真实的声音，来反对奥地利社会民主党和奥地利人民党这两个受欢迎的政党。海德尔总是扮演反叛者的角色，他多次改变形象，强调体态，对两极分化的理解无人能及。他经常依靠敌我的二分法，让"正派"[2]的奥地利人与他们的"对手"对峙。所谓的"对手"，对内是被他斥为腐败的政党机构，对外则是移民和寻求庇护者，海德尔要求为后者设立"特别营地"，并进行更严厉的驱逐。[3]经过最初的成功，特别是在州级和地方选举中的成功，奥地利自由党在1994年的国民议会选举中赢得了22.5%的选票，这一数字在1999年再次上升到了26.9%，令人震惊。凭借这些选举结果，奥地利自由党在海德尔的"领地"克恩滕州的选举中得票率上升到40%以上，在右翼民粹主义政党中占据了一个独特的位置。这一点也反映在1999年该党与奥地利人民党在全国范围内组成联盟并进入奥地利联邦政府一事上。

凭借组建联盟的能力，海德尔和奥地利自由党赢得了一定的尊重，尤其是在保守派阵营中，这也帮助他们经受住了许多欧盟成员国立即提出的国际抗议和施加的外交压力。最迟从20世纪90年代中期开始，海德尔就开始疏远自己家庭与民族主义和国家社会主义密切相关的那段过往。然而，这并不妨碍他反复利用反犹太主义和国家社会主义的传统。与勒庞相似，海德尔也会以反犹太主义、种族主义或"历史政治"上的偶然"失足"来挑衅，并取得了相应的媒体关注。

如果把国民阵线、奥地利自由党、右翼民粹主义的北方联盟、弗拉芒集团以及丹麦和挪威的民粹主义政党（这些政党有时非常成功）放在一起，就会发现这些国家的右翼民粹主义受支持度有明显的上升趋势。在20世纪80年代，它们的平均得票潜力达到了5%，这一比例在20年内翻了一番，超过了10%。

此外，还有另一种形式的民粹主义的成功，它可以被描述为"企业家民粹主义"。它的代表人物也是"有领袖魅力"的人，但与勒庞或海德尔不同，他们的生活圈最初并不在政治领域内。为了反对既定政党的统治，他们打造了自力更生的人物形象，也就是来自"底层"的、通过自己的力量努力打拼的形象。在意识形态上，这种形式的民粹主义几乎不关注极右翼，而是更具有民粹主义和个性鲜明的自由主义专制特征。在这里起主导作用的不是政治意识形态内容，而是对政治的工具化理解，它主要关注个人，并在社会中间寻找选民。

这种企业家民粹主义的"典范"是意大利亿万富翁西尔维奥·贝卢斯科尼。20世纪90年代初，贝卢斯科尼从意大利政党制度的崩溃中受益，凭空创立了新的政治集结运动——意大利力量党。这个新成立的政党的核心内容局限于反共、反国家主义和新自由主义的框架内。然而，最重要的是，它完全是为贝卢斯科尼量身定制的，并采用了现代广告技术中最微妙的方法。凭借这一策略，贝卢斯科尼继承了在意大利腐败丑闻下垮台的天主教民主党（Democrazia Cristiana）的选民基础。而北方联盟和早前的新法西斯主义者，即现在的右翼独裁倾向的国家联盟（Alleanza Nazionale）及其领导人吉安弗兰科·菲尼（Gianfrance Fini），都成为其联盟伙伴。

在意大利1994年的大选中，意大利力量党赢得了21%的选票，成为最强大的政党。贝卢斯科尼，人们眼中意大利最富有的人，当选为总理。他曾两次被选民抛弃，成为反对派，并在2001年和2008年以中右翼联盟再次赢得议会多数席位和总理职位。在竞选活动中，他成功地引起了媒体和公众的关注，并专注于构建敌人的形象，如把"左派"或"司法部门"立为靶子。他作出了民粹主义的承诺，并以成功企业家的身份出现在媒体上。事实上，贝卢斯科尼的传媒巨头的权力一直伴随着毫不掩饰的自我中心主义。一边是他在政治舞台上的大肆表演，另一边则是他政治立场的模糊、私人丑闻以及人们对他参政目的的质疑。直到他因税收、腐败和性丑闻多次受审并被判入狱时，政治精英圈子才将他赶走。毕竟，他的意大利力量党在2014年的欧洲选举中取得了超过16%的选票。

在20世纪80年代末的法国，贝尔纳·塔皮（Bernard Tapie），一个类似的企业家民粹主义者，走上了政治大局的风口浪尖。他的公众形象源于他作为金融投资者和足球赞助人、流行歌手和媒体明星的多重身份。然而，他既没有政治联盟作依靠，也没有贝卢斯科尼的私人手段。因此，他无法阻止针对他的司法程序，最终因贿赂、挪用公款和逃税的数次定罪和监禁结束了自己的政治生涯。然而，这并没有影响他在媒体中的人气和知名度，塔皮至今①仍是法国电视台的常客。

企业家民粹主义者还包括埃姆斯（Ems）化工厂的长期所有者克里斯托夫·布洛赫（Christoph Blocher）。从1977年到2003年，作为瑞士人民党的领导人，布洛赫大大改变了这个阿尔卑斯山国家的政治，也在一定程度上分化了政治。

荷兰人皮姆·福图恩短暂的政治生涯则更为精彩。他来自一个中产阶级家庭，拥有社会学博士学位，是一名政治专栏作家，还在鹿特丹短暂担任过大学教授。福图恩拥有极端左翼的过往经历，类似于一个自由主义知识分子的类型。因此，他是一个"自成一格"的民粹主义者。但他在政治上"兜售"的仅仅是他本人。作为一个知识分子型的政治企业家，福图恩使自己完全成为政治的"媒介"和"方案"，只代表了少数但更吸引人的政治观点。因为福图恩2001年才在政治舞台上活跃起来，他那打破禁忌的言论对长期以来主宰荷兰政坛的自由派政府共识产生了强烈的刺激效果。不久之后，他就主导了媒体，媒体急切地投身于他所带来的新的、对抗性的政治话语。他严格反对伊斯兰主义倾向及对这种倾向的容忍，并呼吁文化同化，主张移民至少应融入当地社会。

福图恩成功实现了一场历史罕见的政治崛起。在与新成立的荷兰安居党（Leefbaar Nederland）短暂接触后，他很快建立了自己的党群，并于2002年3月6日在鹿特丹的市政选举中以35%的票数成为该市最强大的政治力量。随着议会选举

---

① 即截至本书德文原版出版年（2015年）为止。贝尔纳·塔皮已于2021年10月逝世。——编者注

的临近，政治机构陷入混乱。福图恩受到攻击，被置于勒庞和海德尔的极右翼角落，这反过来又使他能够把自己说成是建制派的受害者。2002年5月6日，他在街上被一个狂热的环保主义者杀害，国家陷入了动荡。福图恩的支持者进行了暴力攻击，在一周后的选举中，福图恩党（LPF）以17%的得票率获胜。这使它成为该国第二强大的力量，并与基督教民主党组成了联合政府。

福图恩的政治遗产被盖特·维尔德斯（Geert Wilders）领导的自由党（PVV）所继承，该党成为荷兰新的右翼民粹主义的焦点，在2010年赢得了超过15%的荷兰选民的支持。维尔德斯的政党基本上只代表一条政治纲领：反对伊斯兰教。他通过抽象地将伊斯兰教描述为一种准极权主义的"意识形态"，将其与法西斯主义、国家社会主义相提并论，有时还将《古兰经》与希特勒的《我的奋斗》相提并论，从而逃避了对种族主义和仇外心理的指责。但在这些看似优雅的自由主义和多元主义伪装下出现的挑衅背后，隐藏着真正的主旨：在一个日益多元化和全球化的世界中，反对国内的"文化相对主义"和"文化不安全"。在退居幕后一段时间后，维尔德斯的政党在2014年的欧洲选举中再次获得超过13%的选票。

在21世纪的第二个十年，有迹象表明，欧洲民粹主义正在摆脱其"魅力四射"的创始人一代。在法国，年迈的勒庞在2007年总统大选中遭受重创，他的得票率仅为10.4%，是自1974年以来最糟糕的结果。2010年，他宣布辞去党的领导职务。但他的女儿和继任者玛丽娜·勒庞（Marine Le Pen）能够在国民阵线早先的成功基础上再接再厉。国民阵线在2014年欧洲选举中以近25%的选票成为法国最强大的政党，这一事实说明了法国右翼民粹主义在社会和文化上的长期固化。奥地利右翼民粹主义在缺失了政党创始人约尔格·海德尔（海德尔于2008年死于一场事故）的情况下也仍有未来。在2010年维也纳州和地方选举中，奥地利自由党获得了26.2%的选票，一跃成为第二强党。在2014年的欧洲选举中，在其创始人意外死亡6年后，该党获得了近20%的选票。

右翼民粹主义也在一定程度上在中东欧国家确立了自己作为一股政治力量的地位，长远来看，这股力量是不可忽视的。1990年后，受西方影响的媒体结构迅速占了上风，因此，在中东欧建立民主的同时，民主政治的形式也发生了变化。因此，西方媒体所熟悉的"信息娱乐"的趋势得到了再现。出于商业原因，电视台对政治的表演效果很感兴趣，而政治家们自己也经常屈服于这种游戏的诱惑，从这种游戏中获得政治资本。这促进了政治的个人化，对那些公开使用民粹主义方法的政治家特别有利。同时，政府一再试图影响媒体，使其持续成为政治争论的源头。在波兰、捷克共和国和匈牙利，媒体被认为是如此党派化，以至于人们很快就说它们被"贝卢斯科尼化"[4]了。在这种背景下，一波民粹主义言论塑造了中东欧年轻民主国家的历史。在本国资本化和全球化不断推进的时代，对经济和文化上的威胁感到的恐惧与对1989/1990年以来政治发展的失望结合在一起。结果，选民对民主制度和既有政党的信任大幅下降，而这正是民粹主义者的机会。

在这个意义上，第一位政治演员是企业家兼民粹主义者斯坦尼斯瓦夫·蒂明斯基（Stanisław Tymiński）。作为一名无名之士，这位流亡加拿大的波兰商人在1990年11月的波兰总统第一次民主选举中出人意料地获得了23.1%的选票。他将自己充满活力的、白手起家的个人形象与帮助所有波兰人繁荣发展的荒谬承诺结合起来。对许多选民来说，这似乎比塔德乌什·马佐维耶茨基深思熟虑的话语更有说服力。蒂明斯基的表现超过了马佐维耶茨基，并在第二轮投票中击败了莱赫·瓦文萨,将自己的得票份额提高到了25%以上。

蒂明斯基也只是政治上的昙花一现。但是,民粹主义、激进的二元论结构,对一切"外国"事物充满指责和敌意,很快影响了波兰、匈牙利和其他中东欧国家的政治文化。此外,不拘一格的自我塑造是民粹主义者经常使用的标准方法。在波兰,孪生兄弟莱赫·卡钦斯基和雅罗斯瓦夫·卡钦斯基以及个人形象在魅力领袖、政治小丑和暴力者之间摇摆不定的自卫农民党领导人安德烈·莱珀(Andrzej Lepper),都形成了这种政治风格。

匈牙利在20世纪90年代最初被视为成功实现制度转型的"优等生",和波兰一样,该国有着强大的农业民粹主义传统,1990年后,这一传统再次加剧了城乡之间的对立。与波兰类似,民主转型是以权力妥协的形式进行的,这助长了民粹主义对精英关于变革的共识的攻击。匈牙利领土上存在着重要的少数民族,特别是辛提人和罗姆人,而且《特里亚农条约》(1920年)长期以来使得数十万匈牙利人流离在外,这些事实使民族主义言论具有特殊的民族尖锐性。此外,还有失业、通货膨胀等经济问题和全球化发展带来的不安。所有这些都为右翼民粹主义运动创造了温床,这些运动最初几乎没有发挥什么作用,但在20世纪90年代末取得了突破。曾经的"优等生"变成了欧洲的"问题儿童"。最重要的是,欧尔班·维克托(Orbán Viktor)领导下原本属于自由派的青年民主主义者联盟(Fidesz)越来越右倾。它越来越多地采用民粹主义方法,成功地发展成庞大的右翼党团。

此外,成立于2003年的极右翼政党尤比克党(Jobbik)站稳了脚跟,它在"政治光谱"上比青民盟更右倾。通过建立一个很快便臭名昭著的准军事组织,它公开接受了箭十字党的法西斯传统,从而大大破坏了匈牙利国内政治关系的稳定。它特别呼吁"匈牙利民族的统一"。公开的反犹太主义和对辛提人及罗姆人的敌意赋予该党一种种族主义色彩。在2010年的议会选举中，青年民主主义者联盟以压倒性优势获胜，尤比克党在第一轮选举中以16.7%的优势成为匈牙利第三大政党。再次成为总理的欧尔班·维克托与极右翼的激进要求保持距离。但是由青民盟以三分之二多数占主导地位的议会在选举后立即满足了尤比克党的核心要求之一，那就是向所有居住在国外的匈牙利人授予匈牙利公民身份。

在匈牙利，批判性知识分子和反对派受到的恐吓比任何其他欧盟国家都多。2011年4月通过的匈牙利新宪法正式承认了民主结构，但试图用明显落后的民族主义来填充内容。而在2014年的欧洲选举中，青民盟和尤比克党共同获得了三分之二的选票。

与此同时，进一步的发展还有待观察。毕竟，波兰的例子表明，选民的投票可以很快发生改变和被合理化。2007年，法律与公正党（PiS）及其总理雅罗斯瓦夫·卡钦斯基在提前举行的众议院选举中落选下台，或许正是因为他们的民族民粹主义的政治风格。最强大的政党是自由派的公民纲领党（PO），总理唐纳德·图斯克（Donald Tusk）为平息波兰的政治局势作出了明显的努力。而在2010年，在莱赫·卡钦斯基总统意外去世后，不是他的孪生兄弟，而是公民纲领党的候选人布罗尼斯瓦夫·科莫罗夫斯基（Bronisław Komorowski）再次当选为他的继任者。今天①，正如2014年欧洲选举所凸显的那样，公民纲领党和言论更温和的法律与公正党是波兰最强大的政党。

选民支持率的波动是民粹主义政治风格成功的先决条件之一。毫无疑问，中东欧国家的选举比西欧国家更不稳定。但这

---

① 截至本书德文原版出版年（2015年）为止。——编者注

种波动的深层次原因，即对个别政党缺乏认同感，对政党政客缺乏信任，这在东西方都是类似的。因此，新时代的政治具有一个根本性的悖论：一方面，对政治局势的不满显著增加，对现有民主制度——政党、政府和议会——信心下降；另一方面，长期以来多数的欧洲人认为民主是最好的，基本上是唯一现实的政府形式，即尽管有种种不满，但人们没有其他选择。

虽然从民主角度看，中东欧国家对民主的热情明显低于西欧国家，但东欧的受访者也明确区分了民主本身的政治目标或政治价值与他们国家实际的民主实践。在1994年，当被问及废除议会和政党是否更好时，只有五分之一至不足三分之一的受访者作出了肯定的回答就反映了这一点。在捷克共和国这一比例是18%，在波兰是29%，在匈牙利是30%。即使对自己国家的政治状况的不满在20世纪90年代前半期大大增加，这也并没有改变对民主的基本追求。

在所有西欧国家，政党的公众形象也总是倾向于新的负面价值观。然而，当被问及政党在民主中的作用时，意见分歧很大。显然，此处也存在一个悖论，它与关于民主的悖论十分相似：政党不受欢迎，但不可或缺。它们不太关心选举它们的人的意见，但它们是一个正常运转的国家和政治决策所不可或缺的。在1996~2000年进行的一项国际调查中，绝大多数受访者同意这一观点。因此，欧洲近代史上的一个悖论是，几乎无处不在的右翼民粹主义某种程度上促成了欧洲民主的结盟，但这是打着国家、地区和民族的旗号发生的。然而，与一些危言耸听的评论员所希望的相反，这种发展并不意味着"衰落""侵蚀"，甚至不意味着对西欧或东欧的民主构成重大威胁。相反，1980年以来欧洲政党制度的30多年历史告诉我们，在保持稳定、活力和民主自我更新能力的同时进行结构性的、伴随着危机的政治变革，也是可能的。

第四章

欧　盟

1　一个融合的欧洲？

面对20世纪七八十年代发展过程中的危机，西欧人的解决方案之一就是：让欧洲更加的欧洲。西欧国家之间更密切的合作和欧洲共同体的力量将会改善欧洲在世界上的经济地位，并进一步整合其欧洲伙伴的政策。1992年，12个成员国政府签署了《马斯特里赫特条约》，给欧洲一体化注入了自1957年《罗马条约》以来最有效的助推力。理论上，在马斯特里赫特成立的欧盟建立在三大支柱之上：欧洲煤钢共同体、欧洲原子能共同体和欧洲共同体；它们将促成欧洲经济与货币联盟（EMU）的建立；实行共同的外交、防务和社会政策，并开展司法和内政事务合作。除国家公民身份外，成员国公民还被授予联盟公民的权利。象征着欧盟融合的统一护照赋予成员国公民在欧盟领土内的平等权利。人员、商品、资本以及服务在欧盟范围内的自由流动后来也成为欧盟"四项基本自由"。

然而，一体化欧洲的一个重要特征依然存在：自1950/1951年开始，欧洲一体化始终将超国家原则与政府合作原则联系在一起。《马斯特里赫特条约》并没有改变这一点。经济政策问题受制于超国家原则。相比之下，共同的外交和安全政策以及司法和内部合作最初仍然是要遵照政府间程序解决的问题。因此，在欧洲一体化的发展逻辑中，经济部门作为协同程度最高的部门,也发展得最为活跃。欧洲一体化进程究竟在多大程度上是一个由危机驱动的主要反应机制,这一点再次变得显而易见。这种机制是1950年舒曼计划的根源,并为后来的一体化提供了决定性的驱动力。在近代历史上的欧洲,这一点在经济政策领域体现得最为明显。在"后繁荣"[1]经济危机之后,欧洲理事会、欧盟委员会和其他主要参与者都将主要注意力转向了经济。从这个角度来看,经济基础最终决定了欧洲继续在世界上发挥作用的能力。20世纪80年代后半期以来,建立一个欧洲经济与货币联盟越来越被视为通往这一目标的康庄大道。

欧洲经济与货币联盟始于1986年的《单一欧洲法案》。它的历史与时任欧洲共同体委员会主席雅克·德洛尔(Jacques Delors)的名字密切相关。由他主持的委员会报告,即1989年4月的所谓德洛尔报告,某种意义上成为欧盟的创始文件。德洛尔甚至成功说服了德国央行行长卡尔·奥托·波尔(Karl Otto Pöhl)等怀疑论者;1989年11月,德国统一问题出人意料地被提上议事日程,这一进程再次加快。1989年12月8~9日在斯特拉斯堡举行的欧洲首脑会议上,各国元首和政府首脑在德国总理赫尔穆特·科尔的坚持下,一方面确认了德国的民族自决权,另一方面根据法国的倡议,确立了经济与货币联盟的具体时间表。因此,在1990年的关键阶段,德国的统一和欧洲的一体化是平行进行的。欧洲经济与货币联盟的第一阶段于1990年7月1日生效,12月15日在罗马举行的欧洲理事会开启了政府间会议,就联盟条约进行具体谈判。谈判要求德国放弃用德国马克作为欧洲储备货币,作为代价,经济与货币联盟遵循了德国的指导方针。谈判目标是确立未来欧洲央行的绝对独立地位及其对货币稳定的明确责任。

欧洲经济与货币联盟的第一阶段规定加强成员国之间的多边协议。各成员国应该在自愿的基础上协调国家经济和预算政策，以实现更高程度的趋同和稳定——这是单一货币的两个先决条件。《马斯特里赫特条约》随后规定了欧洲经济与货币联盟的第二和第三阶段。第二阶段于1994年生效，增强了约束力，并确立了明确的趋同标准。成员国将其国家中央银行的权力让渡给独立的机构，就像德国央行一直以来独立于政府一样；新成立的欧洲货币研究所（EMI）开始监控单一货币政策的规则及其预定的价格稳定目标。其核心内容是马斯特里赫特通过的《稳定与增长公约》（以下简称《稳定公约》），该公约将一个国家的财政赤字限制在当年国内生产总值的3%以内，公共债务最高不得超过国内生产总值的60%。

在对趋同标准进行审查后，欧洲经济与货币联盟于1999年1月1日进入第三阶段，比既定时间迟了一年。成员国之间实行固定汇率制，并在此基础上引入了欧元，由1998年成立的欧洲中央银行负责监管。欧元最初只是作为记账货币使用，三年内也会作为现金进入欧洲人的钱包。从技术和后勤上讲，在2002年1月和2月进行的、从12种国家货币到欧元的彻底和顺利的转换是一项了不起的成就。它标志着欧洲人共同行动的意愿和能力。

从一开始，欧元就不仅是一种新的支付手段，也是一个政治项目。有了它，欧洲人就能将他们共同面对未来挑战的意愿倾注在一种有着"钱币"模样的安全性中。同时，欧元象征着欧洲成员国对这一共同欧洲政策所负有的义务。这也是许多批评、不确定性和诸多合法性问题的根源。1995年扩大到15国的欧盟中有3个国家——瑞典、丹麦和英国——完全拒绝引入欧元。在20世纪90年代，人们已经清楚地看到，欧洲经济与货币联盟将在很大程度上受到紧张局势和复杂关系的影响。这种情况在21世纪初有所加剧。

因此，欧洲经济与货币联盟的历史与整个欧洲一体化的历史相似：它旨在确保欧洲的和平、福利和稳定，但同时也引发了新的问题。欧洲一体化有"制造问题的历史"[2]，这种基本趋势至少可以在三个方面得到证明；在这三个方面，欧洲经济与货币联盟形成了对立的，有时甚至是矛盾的趋势。

（1）第一个冲突涉及货币联盟和欧元本身。它们是按德国条款设立的，事实上，欧洲央行控制了通货膨胀。与此同时，欧元在国际上站稳了脚跟。在最初跌破美元平价后，欧元的价值从2002年开始大幅上升。以欧元计价的金融市场在很短的时间内繁荣起来，欧元很快成为仅次于美元的全球重要储备货币。但这些不可否认的成功并不能掩盖经济理论所指出的传统且严重的差异。对欧洲经济与货币联盟的持续批评跨越了两个极端。一些人认为《稳定公约》在中期的可信度和有效性不足，并担心如果欧洲经济与货币联盟被削弱，它会再次解体。特别是在危机时期，他们呼吁更严格地关注稳定性标准并相应地加强控制。这种声音主要来自德国，但在奥地利和比荷卢国家也有；然而，德国本身连同法国在2002~2005年经常违反预算稳定规定，新的债务比率远远超过GDP的3%，这一事实也使他们的观点欠缺说服力。为了避免《稳定公约》规定的、已经针对两国启动的过度赤字程序，德国和法国政府合作改革了该公约（或者，正如许多人所认为的那样，对其进行了"淡化"）。欧洲理事会2005年3月通过的改革本质上维持了稳定性标准。然而，它扩大了例外情况和自由裁量权的范围，一个国家可以利用它们来使违反稳定性标准的行为合法化。因此，欧盟委员会关闭了针对德国和法国的过度赤字程序。

这一插曲助长了另一种观点，即认为《稳定公约》过于僵化。如果过于严格地应用稳定性标准，那么顺周期效应将会出现，并妨碍积极的危机管理。相应的需求主要来自法国和意大利，作为增长策略，他们希望更灵活地应用标准。这对于即将加入欧元区的中东欧候选国来说尤为重要。

2010年的希腊危机证明了对稳定性标准态度过于宽松的危险后果。希腊最初不符合欧洲经济与货币联盟第三阶段的标准，但因其在1999/2000年提供了改进的数据，它在2002年成为欧元的创始成员国之一。然而，在接下来的一段时间里，雅典提供的经过美化的数据在希腊预算发展方面欺骗了欧盟统计局。因此，当这个完全负债过度的国家在2010年春天濒临破产时，共同货币受到了巨大的冲击。希腊本身是一个相对小的经济体，情况没有那么危险，它在欧元区经济产出中所占的份额不到5%。人们更担心金融市场会出现连锁反应，即葡萄牙、西班牙、意大利和爱尔兰等其他过度负债的欧元国家在对欧元的投机推动下崩溃。因此，为了防止广泛的欧洲金融危机发生，欧元区国家最初提供了250亿欧元用于短期救助希腊。2010年5月初，欧盟与国际货币基金组织共同启动了一项金额高达7500亿欧元的庞大救援计划，这也将保护共同货币不受未来动荡的影响。

至少在短期内，欧洲人的强势行动是成功的。希腊能够在金融市场上再次发行债券，欧元走出危机，分析人士也很快将注意力转向疲软的美国经济。然而，目前尚不清楚欧盟国家的巨大财政努力将带来怎样的长期预算和政治分歧。此外，2010年秋天，由于爱尔兰和葡萄牙的公共财政日益不稳定，欧元再次成为国际关注的焦点。事实证明，希腊、爱尔兰、葡萄牙和西班牙等负债累累的欧元区国家最近过得入不敷出。这些国家实现的实际工资大幅增长主要基于信贷，这损害了它们的竞争力。而且欧元区成员国也无法以本国货币贬值的方式反映和弥补自身生产力的降低。除此之外，银行被迫救助的后果尤其将西班牙和爱尔兰推向了破产的边缘。此前在欧洲政治中一直相当忌讳的话题现在成了紧迫的问题。事件发生的可能性突破了之前的限制，例如，有人猜测希腊可能会退出欧元区——这是条约中根本不曾预见的选项。相反，2011年以来，有越来越高的呼声要求更密切地协调国家预算和财政政策，甚至主张两者应协同发展。

（2）欧洲经济与货币联盟的第二个冲突是最终不可避免的目标的冲突。一方面，内部市场的建立需要市场的完全自由化。对此不存在任何异议。但是另一方面，要将许多国家市场整合成一个单一市场，仅仅取消关税壁垒是不够的，它不可避免地也需要监管，诸如规章制度、卫生标准、环保要求等。然而，对许多公民来说，这些监管恰好暴露了欧洲一体化过程中丑陋、官僚和消极的一面。统一的内部市场也并非依靠《马斯特里赫特条约》就能一下建立起来，它实际上才刚刚开始形成。如果商品和货物自由流动的原则要一直延伸到所有工业部门，那么欧盟委员会不断重申的倡议以及外界对这些倡议的批评，都是合乎逻辑的结果。

长期以来，实现经济上完全一体化的欧洲的愿景与现实之间存在巨大差距。为克服这一差距所进行的努力又带来了新的矛盾。例如，欧盟奉行明确的自由化政策，以消除障碍和监管。然而，为了执行必要的统一和欧洲范围内的标准，它不得不采取持续的监管，这让许多人感到不安和恐惧。

（3）欧洲经济与货币联盟的第三个冲突来自一个问题，即内部市场如何缓冲社会压力。《单一欧洲法案》已经考虑到了未来内部市场的"社会层面"，在建立该法案的同时，理事会和议会于1989年底通过了《工人基本社会权利共同体宪章》。尽管它没有约束力，但它仍然为未来的主要欧盟条约提供了一个不容忽视的社会准则。因此，委员会越来越重消除贫困和排斥，以及解决退休和医疗卫生方面的问题。21世纪初以来，反歧视和追求平等的政策已成为另一个日益重要的活动领域。

在欧洲法院逐案支持下，委员会开始系统性地打击基于种族、文化、宗教或性取向的歧视。2000年便已通过，但直到2009年才与《里斯本条约》一起生效的《欧盟基本权利宪章》再次强化了这一政策。

与欧盟委员会声称拥有监管权限的所有领域一样，这里也存在意见分歧。人们很快发现，无论是完全协调欧洲社会制度还是完全放弃共同目标，都是不可能的。相反，人们强调了辅助性原则应是一项基本原则，这使得采用共同的最低社会福利标准成为务实妥协政策的重点。与之相对的，劳动力市场和社会制度的具体监管设计则在很大程度上留给了成员国。事实上，成员国的社会福利并没有像新自由主义理论家所建议的那样有所减少。与北美或东北亚等世界其他经济区域相比，欧洲人维系着高度发达的福利国家，这也为欧洲大陆的政治"身份"的形成作出了重大贡献。

与这些冲突密切相关的是，对于内部市场和货币联盟能在多大程度上促成欧洲的协调和趋同，存在截然不同的观点。最重要的是，怀疑论者批评国家经济和金融政策仍然没有充分适应欧洲经济与货币联盟，即使在欧洲经济与货币联盟成立十年后，仍然不能说欧洲是一个统一的经济区。而与此同时，有充分的理由可以认为，1985~2008年欧洲各处的经济形式和社会已经实现了前所未有的接近程度。特别是落后的农业国家和相对发达的老牌工业国家之间的差距逐渐缩小。因此，只要不根据理论上的理想状态来衡量发展水平，人们就很难否认欧洲融合已经在经济与货币联盟的构建过程中推进。

2　扩张与深化

即使在"正常"时期，扩大和完成（西部）欧洲内部市场也是一项艰巨的政治和行政任务。但是，当欧盟委员会和欧盟12国正在处理这个问题时，一个更大的挑战也在等待着他们：欧盟的扩张。早在1995年，瑞典、芬兰和奥地利就加入了欧盟。欧盟的每个民主政治家在内心深处或许都知道，欧盟的东扩也已被提上议程。当然，中东欧国家迅速加入欧盟引发了无数担忧。他们的经济不会太落后了吗？平衡欧洲内部的任务难道不会超出欧盟的财政和经济实力吗？如果数以百万计的东欧工人首先获得在欧洲内部自由流动的权利，并被迫进入西方劳动力市场，难道不会危及西方国家的工资水平和繁荣吗？所有这些问题都给西方公众带来困惑，并引发了批判性讨论。潜在的不确定性引起了人们的恐惧和防御反应。尽管欧洲人一致认为，解决问题的方案最终只能是"欧洲"，但他们最初对打开整个欧洲之门犹豫不决。

无可否认，这种犹豫带有相当大的火药味。因为当易北河以东的国家在1989/1990年发生剧变时，人民的希望和憧憬是"回归"欧洲。"欧洲"现在也成为东欧美好未来的密码。欧盟不仅用相当多的财政资源来诱惑他们，例如承诺用农业基金、结构基金和社会基金来支持受冲击的东欧的社会经济发展，加入欧盟还使东欧人民有可能最终摆脱延续几百年的压迫、歧视和经济落后的历史。在西欧，没有人想要辜负这一希望，在剧变发生后还降下新的经济的"铁幕"。与德国统一进程中的情况十分类似，对东扩必要性的判断占了上风。很快，政治意愿就战胜了经济计算。

中东欧国家的政策始终以加入欧盟为导向，西欧也逐渐表露开放和接受新成员的基本意愿。1993年6月21~22日在哥本哈根制定的加入标准成为一座灯塔，提供了不可或缺的指引。它们在法律、政治和经济方面明确了加入欧盟的前提和先决条件，对转型国家的日常政治和社会实践产生了深远影响。也就是说，加入欧盟的先决条件不仅是愿意采用"既成协定"，即欧盟内部已经成形的共同体法律，未来的新成员还必须能够展示足够的机构稳定性。在欧盟看来，仅此一项就能保证"民主和法治，[……]尊重人权，以及尊重和保护少数民族"。同时，成员资格还要求有能力"应对联盟内的竞争压力和市场力量"，候选国必须接受欧盟"政治及经济与货币联盟的目标"。[3]中东欧国家通过接受哥本哈根标准，得到欧洲理事会和位于布鲁塞尔的欧盟委员会的"监护"。长远来看，这给内政造成了很大的合法性问题；但在中短期内，它有助于确保整个欧洲大陆的充分稳定和最低限度的融合。

在欧洲理事会于1994年12月通过了申请国"预加入"的指导方针，并在1995年6月发布了相应的"白皮书"后，[4]具体的、可实行的欧盟扩大进程得以推进。1997年12月，在《阿姆斯特丹条约》通过几个月后，位于卢森堡的欧洲理事会决定开始与匈牙利、波兰、爱沙尼亚、捷克共和国、斯洛文尼亚以及塞浦路斯进行双边入盟谈判。而两年后，理事会与保加利亚、拉脱维亚、立陶宛、马耳他和斯洛伐克也开展了谈判。欧盟花费了大量的财政资源来支持这些国家加入欧盟的努力。从1990年到2000年，欧盟总共提供了106亿欧元，在2000年到2003年，它再次为10个中欧和东欧候选国提供了所谓的"加入前援助"，每年多达31.2亿欧元。得益于欧盟的财政和政治支持，以及候选国自身付出的巨大努力，一体化进程持续向前推进。

1999年以来，人们认为候选国已达到哥本哈根政治标准，且已承认候选国具备稳定的法律、宪法和民主条件。此外，2002年10月，委员会认可波罗的海国家、维谢格拉德集团和斯洛文尼亚已经成为"正常运作的市场经济国家"[5]。因此，十个中东欧国家早在2004年5月1日就加入了欧盟；保加利亚和罗马尼亚也在2007年初加入。

然而，在谈判过程中出现了两项限制性原则。它们超越了哥本哈根标准，在敏感领域规定了具体的过渡规则。一方面，加入条约考虑到了西欧，特别是德国、奥地利以及法国对劳动力市场可能被东欧工人淹没的担忧。因此，个别国家可以对欧盟公民在共同体内自由流动的基本权利进行7年限制。另一方面，谈判为加入国商定了过渡性安排，以保护它们暂时不受欧盟某些被认为不公平的要求的影响。在个别情况下，这个过渡期可能长达12年。例如，加入国直到2017年才需要执行欧盟在环境保护领域代价特别高昂的环保法规。

尽管谈判过程中有许多困难、技术陷阱和失望，但东扩的日子是令人欣喜若狂的。事实上，2004年5月1日，加入欧盟之日，人们终于将铁幕遗忘，这是一个触动许多人心灵的时刻。人们在街头举行庆祝活动，发表演讲，燃放烟花。随着波兰、匈牙利、捷克、爱沙尼亚、拉脱维亚、立陶宛、斯洛伐克、斯洛文尼亚、马耳他和塞浦路斯这十个新国家的加入，欧盟的人口从3.7亿增长到4.55亿，因此超过了美国和日本的人口总和，并发展为世界上最重要的单一市场。在政治和经济上，欧洲一体化的进程在都柏林完成，欧洲国家元首和政府首脑在那里举杯庆祝：首先是在西欧，然后也在东欧，一个被暴力破坏的大陆已经成为一个和平与民主、自由与繁荣的稳定地区。

然而，令人欢欣鼓舞的场面掩盖了深刻的怀疑甚至恐惧。西方民调显示，民众对东扩的支持率有所下降。对欧盟过度扩张的担忧也在最高层面蔓延。此外，东扩还引发了对欧盟的根本性批评。欧盟东扩极大地助长了长期存在的反欧情绪，这种情绪已经将欧盟的发展视为"帝国主义"的新版本、"资本"统治和反民主的官僚主义倾向。[6] 提出反对意见的既有"左派"

分子，也有"右派"分子。2005年5月29日和6月1日，他们说服法国和荷兰的大多数选民否决了新的欧洲宪法草案。至少在这一刻，人们清楚地看到，欧洲一体化进程的惊人发展已经暂告一段落。

事实上，东扩的盛宴之后是入盟的宿醉。欧洲人不得不暂停下来，喘口气，思考如何巩固他们所取得的成果。当东欧加入国2004年5月1日的欣喜很快变成幻灭时，情况就更是如此了。"重返欧洲"所经历的崎岖道路，让东欧人感到失望。与西方的"老派"欧盟国家一样，欧洲隐约浮现的萎靡不振的感觉以及由此滋生的欧洲怀疑论也在候选国蔓延。在第一次东扩后不久，就出现了明显的悖论：选民刚投票加入欧盟，他们就投票给怀疑欧洲的政党甚至政府，例如在波兰，卡钦斯基兄弟的法律与公正党于2005年在波兰议会选举和总统选举中获胜。欧洲怀疑主义无疑成为民粹主义的动员场。

理想情况下，我们可以对经济的、坚持民族主权的、政治的和文化的欧洲怀疑论形式进行区分。然而，在实践中，它们是混合的：在东方和西方，对失业和社会贫困化的担忧与对外国文化渗透的恐惧和政治成见交织在一起。在候选国中，对失去民族身份的恐惧特别明显，这并不奇怪，因为他们不愿意在超国家统一中放弃才实现不久的民族自决。除了波兰的民族保守派卡钦斯基孪生兄弟，欧洲政治新生代中最重要的人物也许就是捷克的自由派瓦茨拉夫·克劳斯和他的资产阶级民主党了。1989年后，作为捷克共和国经济转型过程中最重要的推动者，于2003年当选总统并于2009年获得哈耶克奖的克劳斯是一位雄辩的欧洲怀疑论者。尽管他也强调，除了加入欧盟，他的国家别无选择，但他更严厉地批评了欧盟的过度官僚化倾向和超国家原则。

过度复杂性和官僚主义造成的疏远感也助长了公民中潜

在的反欧洲情绪，并带来了民粹主义的诱惑。尽管取得了不可否认的进步和新的机遇，欧洲却似乎越发成为一个"抽象的社会"[A.齐德费尔德（A. Zijderveld）语]，当中的政治决策过程是匿名执行的，决策的结果却越发变得具体。因此，有人大声抱怨欧盟正遭受"民主赤字"[7]，这使公民难以认同它。同时，从一开始就是由精英们推动的欧洲一体化也越发面临被公民背弃的危险。欧洲的政治家们因而更迫切需要寻找新的方法来提高其决策的透明度、效率和合法性。除了经济与货币联盟，还必须增加拖延已久的政治联盟的内容。在未来，欧洲将更加多样化、更加复杂。正如委员会在1996年3月所总结的那样，"一个拥有更多成员的联盟隐藏着解体的危险"，"当最后一个候选国加入时，该联盟甚至已经荡然无存"，这种情况无论如何都不应该出现。[8] 从这个角度看，在20世纪90年代中期已经明确可以预见的东扩，绝不意味着"深化的结束"[9]，反而是迫使了进一步深化。

这不可避免地将欧洲一体化进程中老生常谈的问题重新提上日程：欧洲一体化的"最终结果"是什么？它是否在朝着欧洲联邦国家的方向发展？欧盟是否拥有足够的国家地位来进一步实现宪政化？欧洲"联邦制"对各个国家的行动能力和"主权"潜藏着什么危险？鉴于成员国数量从1989年的12个迅速增加到2007年的27个，所有人都应该清楚，只有加强超国家主义原则才能推动联盟的必要深化。相反，任何政府间主义倾向都会给共同体内的离心力带来危险的助推。

最迟到《马斯特里赫特条约》签订的时候，正如联邦宪法法院在其开创性的判决中所说，欧盟已经成为一个国家联盟，虽然它没有权限，但可以在某些领域采取主权行动。无可否认，这个国家联盟仍然是一个相当奇怪的结构，特别是因为它还没有自己的法律人格。从法律角度来看，欧洲联盟最初仍然只是一个保护伞,由欧洲各大共同体、警务与司法合作、共同外交与安全政策这"三大支柱"支撑。在这样的背景下,人们围绕欧洲未来宪法展开了一场有争议且艰巨的,同时具有创新性的辩论,并且最终至少取得了部分成功。

一方面,政府看到主权损失已经达到可容忍的极限,另一方面,对坚定的"联邦主义者"而言,联盟的未来完全取决于其超国家程度的深化。英国政府坚持认为加入欧盟符合国家利益,但也明确地表明其并不认为英国是未来超国家政体的一部分。即使是1997年赢得工党选举、最初被视为欧洲希望灯塔的托尼·布莱尔,也没有改变这种基本的欧洲政策思想。

德国外交部长约施卡·菲舍尔(Joschka Fischer)则发表了完全相反的看法。他在1998~2005年任职期间成为欧洲未来的先驱,并强调基于联邦制的一体化进程的"目的性"。1999年1月12日,他在欧洲议会首次亮相时,呼吁制定欧洲宪法。一年后,他谈到了对欧洲未来的愿景:从国家联盟过渡到实行全面议会制的欧洲联邦。许多欧洲领导人开始行动,用他们自己的想法和具体建议丰富了讨论。现在,人们终于清楚地认识到,欧盟的未来需要对其机构能力进行有机调整,从而形成一个更清晰的结构。起草宪法很明显就是其中的一种方法。

因此,20世纪90年代中期以来,《马斯特里赫特条约》的完善和修正已经成为欧盟议程上的一个关键点。该条约体现了20世纪80年代的精神,是为西欧的经济与货币联盟量身定做的。它最初促成了1997年10月《阿姆斯特丹条约》的签署。这份在1999年5月1日生效的条约构成了第一个备受关注但不太可持续的中期结果。《阿姆斯特丹条约》的真正意义在于它开启了欧洲高层的宪法辩论。法国、意大利和比利时三国于1997年9月15日发表的联合声明已经表明了这一点。三国政府宣布，刚刚签署的条约不足以加强欧盟的机构，因此不符合未来的要求。因此，在即将到来的一轮扩张不可避免的压力下，欧洲理事会在1999年6月初决定召开一次新的政府间会议。一个密集且费力的、高度复杂的谈判过程也随之启动。这一谈判过程的高潮是2000年12月11日通过的《尼斯条约》，该条约于2001年2月26日正式签署，但最终却几乎没有人对其满意。谈判所付出的巨大努力和过程中展现的程式化的国家利益政治似乎不再与结果有任何合理的关系。当然，回顾过去，《尼斯条约》被视为欧盟制度深化漫长道路上的一个阶段。如果我们把它视作一个未完成的过程，那么一方面，条约本身的相对重要性降低；另一方面，我们也更容易认识到它对欧洲宪法的进一步发展意味着什么。

事实上，以尼斯峰会为高潮的政府间会议完成了大量不受欢迎的、乏味的争论，欧盟未来的宪法讨论可以建立在这些成果之上。除了委员会的组成和欧洲理事会的投票权重，会议还主要讨论了那些现在已经不再受制于一致同意原则，而是遵循有效多数表决制来议定的事项。尼斯之后，没有一个欧洲政治家有理由认为，关于深化欧洲的讨论已经结束。而在《尼斯条约》签署后，理事会立即准备再次尝试从宪法上加强欧盟。

然而，这一次没有像以往那样先召开持续数月的政府间会议，然后召开首脑会议并签署条约。欧洲理事会召开了一次公开会议，由各国政府、议会和欧盟委员会的代表组成，并让它编写未来的宪法文本。候选国的代表也应充分参与。制宪会议主席由法国前总统瓦莱里·吉斯卡尔·德斯坦（Valéry Giscard d'Estaing）担任，他的声望与个人魅力引起了公众的广泛关注。至少在一段时间内，制宪会议成为欧洲公共领域的焦点，不过在批评者眼中，根本就不存在这样一个公共领域。

制宪会议有的放矢地开展了工作，并在规定的时间内，即

2003年7月，提出了宪法条约草案。然而，不可避免的是，公众辩论的势头现在在政府谈判的阻碍中逐渐消失。尽管如此，国家元首和政府首脑在经过艰难的谈判、失败的峰会和对宪法草案的几次修改后达成了协议，可谓是一个成功。2004年10月29日，他们在罗马举行的庆祝仪式上签署了《建立欧洲宪法的条约》[①]。

这份条约不可否认地提高了效率和透明度。它最终将"三大支柱"——欧洲各大共同体、警务与司法合作和共同外交与安全政策——合并为一个单一的联盟。因此，欧盟发展成一个法律实体，现在也能够在外部作为国际法主体出现。然而，最重要的是，《建立欧洲宪法的条约》体现了《阿姆斯特丹条约》中已经宣布的"双重多数"原则。尤其是东扩带来的成员国增加，长远来看，这一原则加强了欧洲决策的合法性并提高了效率：今后，在采取有效多数表决制的决策过程中，任何决定都要求55%成员国投赞成票并能够代表60%以上的欧盟公民才能通过。同时，该条约扩大了可以使用有效多数制的政治领域。

因此，加强合法性始终与提高联盟的行动能力联系在一起。这就包括为欧盟行政部门设立新的办公室。今后，共同外交与安全政策将由欧盟自己的外交部长领导，而欧洲理事会主席的任期为两年半，这将比6个月一次的轮值主席更有连续性。同时，《建立欧洲宪法的条约》提升了委员会主席的职位，赋予了主席一种指令性的权限；欧洲议会也是如此，其控制和参与的权利都得到了扩展。最后，该条约还规定了欧洲公民公投的可能性，从而首次在欧洲层面引入了直接民主的因素。

但是，尽管它体现了所有不可否认的进步，宪法项目从

[①] 或称《欧洲宪法条约》《欧盟宪法条约》。——编者注

未赢得欧洲人的完全认同。谨慎的认可和欧洲怀疑论者的拒绝相互平衡。在许多国家，该条约很容易就通过了议会批准的关卡。欧洲更是将热切的目光投向了法国和荷兰。因为这两个国家就条约能否被批准发起了公投，其结果非常不确定。不顾大多数政客的强烈建议和媒体的多数意见，法国于2005年5月29日投票反对条约，三天后的荷兰选民也作出了同样的选择。在法国和荷兰，反对《建立欧洲宪法的条约》的票数分别占54.7%和69.3%。

当然，这一"反对"态度源自非常复杂和迥异的动机，绝不能简单地理解为拒绝东扩。更确切地说，真正让人头疼的是欧洲政客千方百计想要通过"亲民"手段消除的那些反对行为：反对过多的官僚作风、远离公民的决策以及过高的、在很多人看来与欧盟作用根本不成正比的机构运作成本。此外，还有一些实质性的担忧，认为欧盟与其说是社会保障的保护者，不如说是全球化的领跑者。"反对者"绝不仅仅是那些坚决的、立场鲜明的"反欧洲主义者"。相反，有许多选民显然要借此机会表示，他们不想要"这样的欧洲"，或者至少希望欧洲不断持续改善。同时不能被忽视的是，纯粹的国内政治分裂，如党内竞争或当时各政府首脑的极低人气，也起到了不可低估的作用。

对欧洲宪法的支持者来说，法国和荷兰的投票令人失望，因为《建立欧洲宪法的条约》无法简单地按照预期得到通过。但欧洲理事会很快就作出了反应，而且是以一种特有的——也是由来已久的——暂停和拖延的混合方式作出反应。在2005年6月16~17日的布鲁塞尔峰会上，各国元首和政府首脑"注意到"法国和荷兰的公民投票结果；认为必须"考虑到"公民的担忧和恐惧，并共同审时度势。因此，他们决定暂停一下，并且进行"反思"。然而，欧洲各国政府首脑认为没有必要从根本上改变方向。法国和荷兰的反对票"并没有让人质疑公民对欧洲一体化的付出"。2006年上半年,他们将再次举行会议,评估讨论情况,"并就推进条约的通过达成一致"。[10]

这种一方面争取更多的讨论和亲民性,另一方面又宣称所走的道路是唯一出路的做法,体现了典型的欧盟政治风格。经过一年或多或少可以说是徒劳无功的讨论,欧洲理事会没有进一步批准《建立欧洲宪法的条约》。相反,在2007年6月,理事会再度启动了久经考验的决策程序,重新召开了一次政府间会议。会议任务是在起草改革条约的意义上修正现有的欧盟条约。约莫三个月后,2007年10月19日,会议提交了修正结果。这番修正在很大程度上以失败了的《建立欧洲宪法的条约》为导向,并采用了其核心内容。因而这些变化主要是表面上的和象征性的。

理事会现在正式放弃了"宪法"的概念,取而代之的是烦琐得多的"《欧洲联盟条约》和《建立欧洲共同体条约》的修正条约"(简称《里斯本条约》)。2007年12月13日在葡萄牙首都隆重签署的这份条约通过修订现有条约法,延续了逐步改革的传统。另外,它完全弃用了象征类国家地位的符号和标志。同样,《建立欧洲宪法的条约》中规定的欧盟"外交部长"也成了"外交和安全政策高级代表"。然而,除此之外,《里斯本条约》接管了失败的《建立欧洲宪法的条约》的机关章程。这最终将散乱地组合在一起的欧洲条约法融为一个单一的联盟,并更明确地划分了国家和超国家的权限。诚然,它并没有消除政府间关系和超国家要素之间的辩证对立,但它明确无误地加强了后者。在当前形势下,深化只能意味着强化超国家原则。

尽管可以说《里斯本条约》最终取得了成功,但实现它的道路却并不为人所称道。这一过程揭示了过去确保欧洲进步的典型机制：精英们又一次引领了方向，而且他们的做法甚至违背了相当一部分欧洲"人民"的意愿。精英们从不质疑自认为对欧洲有必要的东西，哪怕面对最严厉的批评，他们也要坚持下去。令批评者不满的是，这再次凸显了技术官僚政治风格和联盟缺乏合法性的现状。《里斯本条约》只向一个国家（爱尔兰）的人民提交，因为基于宪法规定必须这样做。但当爱尔兰选民在2008年6月12日以53.4%的票数否决该条约时，欧洲理事会并未像三年前那样考虑暂停批准程序，而是采取了"紧急计划"：给予爱尔兰选民6个月的冷静期，并在此期间对其讲解条约内容，然后重新发起公投，并取得了乐观的结果。

《建立欧洲宪法的条约》的历史再次证明了欧洲精英阶层所面临的巨大压力。和过去一样，实实在在的困境迫使他们加速欧洲一体化进程。几次这样的困境共同为马斯特里赫特铺平了道路。20世纪80年代初，鉴于东西方冲突的加剧和罗纳德·里根领导下的美国单边主义倾向，西欧受到了安全缺口的威胁。同时，1978年以来的经济危机要求欧洲人作出坚定的共同努力。最后，1989/1990年的德国统一加速了向欧元的进发，因为德国愿意迅速过渡到货币联盟，从而促进了与西欧邻国的利益平衡。1990年后，不可避免的东扩本身也造成了下一个困境。因为任何一个负责任的政治家必然会认识到，如此大规模扩展的欧洲需要制度上的深化，以便保持行动能力，从而生存下去。

这基本上是欧洲一体化的"秘诀"。但它从来都不是源于雄心勃勃的有意规划，甚至不是源于欧洲人的明确意图。实际上，"欧洲"进一步一体化从来都是为克服具体困境而采取的务实又费力的解决方案。其他的替代方案，诸如回归单纯的自由贸易区或者让过度负债的国家退出欧元区等，从来未被认真讨论。事实上，旧大陆进入20世纪90年代时已经走上了一条人迹罕至的道路。这条道路塑造了欧洲的记忆并规范了国际政治。基本上可以说，欧盟已经形成了自己的路径依赖性，这意味着只有它自己的、百试百灵的工具可以用来解决它的问题。因此，欧洲一体化的先前阶段为未来的联合政治行动创造了模式。就文化史而言，当表面上无法解决的问题堆积如山时，欧洲人总是有一种已经沉淀在经验史中的法宝可以依靠。尽管欧盟内部存在巨大的民族、经济和社会差异，但对过去的结构化叙事让人们更容易想象甚至规划未来。

2009年12月1日，在爱尔兰第二次公投之后，《里斯本条约》立即生效。起初，欧洲公众认为其影响主要是欧盟高层的新"面孔"。事实上，新的宪法现实始于一场令许多人排斥的人事讨论。比利时人赫尔曼·范龙佩（Herman Van Rompuy）被任命为欧洲理事会第一任主席，英国工党政治家凯瑟琳·阿什顿（Catherine Ashton）被任命为第一任外交和安全政策高级代表。并非所有人都认为她是最佳人选，上任后不久她就不得不面对严厉的批评。此外，人们会问，立即建立一个欧盟外交部门，设立数千个高薪的职位，真的是共同外交和安全政策最紧迫的优先事项吗？对一些人来说，这证实了联盟作为猎职者集结地的负面形象，而共同体的新"外交政策"则姗姗来迟。

3 欧洲已是世界强权？

与其他政策领域相比，外交政策与长期确立的国家发展有着更为密切的关联。在这里，不同的历史经验和观念与各个成员国的地理和经济状况一样发挥着决定性作用。外交政策最终受制于国家主权，因此在欧洲共同体内，它专门被用于政府间合作。1970年决议成立的欧洲政策中心（EPZ）也是在此基础上运作的，这让欧洲承担共同义务变得非常困难，尤其是在危机不断升级的时期。

此外，没有人怀疑，1990年之后的新欧洲也面临着新的安全风险，需要更紧密的合作。当中包括核扩散问题、中东欧转型国家的脆弱状态以及日益增加的恐怖主义威胁。主要政界人士坚信，只有坚定地整合欧洲决策，才能消除欧洲外交政策的分裂威胁。

共同的外交和安全政策的目标已经在1986年以条约形式书写下来。在《单一欧洲法案》中，当时的12个欧共体成员国发表了一份意向声明：他们希望努力"共同制定和实施欧洲的外交政策"。[11] 为此，他们首次正式同意就重要的外交政策问题相互通报和磋商。然而，这一创新的成功最初是令人怀疑的，在20世纪90年代初，欧洲政策中心对此的评判充其量是好坏参半。在大多数情况下，它仍然停留在宣言的层面上，缺乏可用的执行工具。它没有能力采取联合军事行动，军事合作在当时仍然是1984年"复活"的西欧联盟（WEU）的专利。当伊拉克独裁者萨达姆·侯赛因于1990年8月2日占领科威特时，欧洲人的政治合作面临着真正的挑战。伊拉克的行动不仅挑起了长期以来最大的国际危机，而且标志着新的国际秩序的到来。

早在1990年8月4日，欧洲理事会就在罗马召开会议。它在欧洲政策中心的框架内，以最强烈的措辞谴责这一行动，并像联合国安全理事会所呼吁的那样，要求伊拉克军队立即撤出。作为紧急措施，它决定对伊拉克和科威特的石油实行禁运，冻结伊拉克在欧共体成员国的资产，并暂停与伊拉克的所有军事、技术和科学合作。

然而，很快就可以看出合作伙伴在国家事务和内政事务的优先项上存在很大分歧。事实上，第一次伊拉克战争已经是一个教训，说明欧洲大国至少在部署武装力量甚至参与战争时奉行国家政策。理论上，德意志联邦共和国可以利用海湾危机最终摆脱过去的外交政策桎梏。1989年5月底，美国总统乔治·布什在美因茨提出的"分享领导权"（Partnership in Leadership）[12]本应促使德国政府更加坚定地支持美国的行动，但德国却专注于建立其内部统一。德国政府充分认识到自己的历史使命和宪法限制，拒绝扮演国际领导角色，只限于为美国提供后勤和财政支持。这种在安全政策上"搭便车"[13]的做法有时会招致美国人的尖锐批评，这些批评也被波恩所接受。

法国政界有其他的担忧。法国拥有联合国安理会常任理事国的席位，试图扮演其作为欧洲大国的角色，承担全球政治责任。它在世界上的"地位"最终取决于它在全球政治舞台上的表现以及在新的国际秩序诞生时施加影响的程度。当然，还必须避开众多的历史障碍。例如，巴黎不仅与伊拉克有着长期的友好关系，而且与整个阿拉伯世界有着长期的接触和相互联系，它不希望通过对伊拉克的军事干预而危及这些关系。此外，在充分的主权下开展行动，也符合法国政策的历史和政治自我形象。因此，法国总统密特朗继续寻求通过谈判解决问题，直到1991年1月17日战争开始前不久。然而，当沙漠风暴行动最终开始时，法国政府不得不在有限的时间内将其部队置于美国人的指挥之下。但这丝毫不妨碍密特朗在海湾战争结束时的电视讲话中强调，法国在这场战争中成功地巩固了自身"在世界上的作用和地位"[14]。

在英国，事情比较简单。至少从表面上看，英国和美国的"特殊关系"在20世纪80年代得到了重建。1990年8月2日，撒切尔正好在美国阿斯彭（科罗拉多州），她在那里见到了布什。同一天，她命令两艘英国军舰前往海湾地区。从一开始，她就主张在美国领导下采取强硬立场，没有任何"如果"

或"但是"。有时，甚至是她自己敦促布什采取不妥协的政策。而在欧洲合作中，"铁娘子"却认为没有机会制定强有力的政策。当然，无论如何，撒切尔夫人都不会在这一政策上作出任何有建设性的努力。与任何可能进一步推动一体化的欧洲行动相比，在海湾地区可能扮演的全球角色更适合英国外交政策的传统。因此，撒切尔夫人利用科威特危机和海湾战争再次强调了与美国的"特殊关系"。通过这种方式，伦敦再次展示了自己在全球政治中的地位。英国向伊拉克派遣了近4万名士兵，是仅次于美国派出的最大特遣队。

因此，不出所料，欧洲政策中心和西欧联盟最终未能在海湾地区通过考验。欧洲作为一个行动者并没有在战争和危机中扮演独立的角色，而只是以不同类型和不同规模的个别国家贡献的形式参与其中。这些对结果没有影响：1991年1月17日~2月28日，由美国领导的超过20个国家组成的联盟解放了科威特，并使伊拉克屈服。很明显，只有美国人有能力在远离自己领土的地方进行重大军事行动。美国在海湾战争中已经有力地展示了其在兵力和军事技术上的优势。

欧洲没有任何理由可以反驳这一点。1991年的第二次海湾战争、当时即将迎来第一个高潮的南斯拉夫危机以及关于承认斯洛文尼亚和克罗地亚独立的争议，都痛苦地揭示了欧共体内部的深刻裂痕。即使是欧洲政策中心也无法修复这些裂痕。但这是欧洲一体化复杂和辩证的历史的一部分，过去曾推动欧共体发展的"学习过程"现在正在外交政策层面上重复。这一次，最重要的"学习地点"是科索沃。

当然，起初对于年轻的欧盟来说，这是一个惨痛的教训，它甚至无法独自结束南斯拉夫不断升级的血腥冲突。一方面，在外交上，即在本应施加政治压力的地方，欧洲人却以经济利益为诱饵；欧洲的和平计划来得太晚，而且缺乏执行力；在波黑战争开始后，欧洲人为了保持自身作为一个可靠伙伴的立场，过于强烈地寻求与各方之间的一种"平等距离"。另一方面，欧洲的弱点表现在军事上。欧盟不仅缺乏合适的部队，而且缺乏部署部队的意愿。

欧洲无节制的暴力和种族清洗的压迫景象得以结束，主要是美国1995年以来采取的坚定立场的结果。而实现和平的决定性工具是北约，而不是欧盟。1999年初，欧洲作出了最后一次努力，防止权力向美国转移。为此于1994年建立了工具性机构：巴尔干联络小组。

小组成员来自英国、法国、德国、意大利、俄罗斯和美国，欧洲人在该联络小组中占主导地位。尽管该组织内部一再出现明显的紧张关系，但鉴于科索沃的暴力事件很快就会再次升级，该组织认为自己正面临挑战，需要积极采取行动。在所有与会国家中，关于科索沃战争的讨论浪潮一浪高过一浪，其中有些相当情绪化，而自那以来，是否有权进行"人道主义干预"已成为国际法讨论最多的问题之一。德国人特别激烈地讨论了这个问题。科索沃战争导致了联邦国防军及其空军的首次战斗部署，而且是在前南斯拉夫的领土上，后者在第二次世界大战期间曾遭受德国军队的进攻。

事实上，南斯拉夫内战总体令人沮丧的经历推动了欧洲的外交政策向前发展。1999年12月，欧洲理事会在赫尔辛基决定采取相应措施。《阿姆斯特丹条约》和《尼斯条约》中共同外交和安全政策的进一步制度化，也证明了欧洲人的意愿。在科索沃战争的阴影下，欧盟在巴尔干问题上达成了相当一致的意见。因为马其顿问题已经有可能成为一个新的危险冲突源。马其顿在1991年要求追随斯洛文尼亚和克罗地亚走上国家独立的道路，却在一开始由于希腊的否决而失败，因为希腊担心在其北部边境出现修正主义的温床。欧盟的任务是逐步解除马其顿—希腊封锁，解决2000年爆发的阿尔巴尼亚少数民族和马其顿占据多数的斯拉夫人之间的种族冲突，同时提供经济重建援助。南斯拉夫在惨败的背景下，不一定指望欧盟会掌握这些任务。但是，即使在前南斯拉夫战区本身，随着敌对行动的停止，欧盟也立即成为一个独立的行动者。德国社民党政治家汉斯·科什尼克（Hans Koschnick）早在1994年夏天签署《代顿协议》之前就开始担任波黑莫斯塔尔（Mostar）的欧盟行政长官。1999年6月10日，欧洲理事会在德国担任主席期间通过了《东南欧稳定公约》。该公约的目的是促进民主、人权和经济重建。欧盟任命了自己的危机地区协调员，布鲁塞尔委员会也参与了协调的工作。本着和平、巩固和结盟的积极政策精神，欧洲联盟从此在前南斯拉夫发挥了长期和明显的作用。

基于不惜任何代价阻止"第二个科索沃"出现的共同动机，欧盟"三巨头"——英国、法国和德国——开始从其共同外交政策的机构中获得惊人的附加价值。法国的政策基本上仍然遵从戴高乐主义，并致力于实现影响深远的欧洲独立的目标；法国人希望加强欧洲的行动能力也能扩大其自身的选择。德国则出于其历史负担，制定了一项带有道德色彩的自我克制的政策。从渐进式政治联盟的角度来看，深化欧洲统一是对这一国家理念的最佳回应，也能够巩固德国在欧洲防务政策上的多边主义主张。最后，英国将共同外交和安全政策主要视为加强跨大西洋安全架构的工具。

因此，欧盟在进入新千年时看起来比以往任何时候都要强大。至少它为人道主义和维和任务作了比以往更好的准备。但这只是硬币的一面。与此同时，欧盟显然只是半心半意地推行其共同的军事政治方略，并且仍然没有为军事行动作好准备。欧洲干预部队这个原本非常有希望、应该包括6万人员的项目也被搁置，没有取得具体成果。由于缺乏资金、与北约存在协调问题以及内部出现权限纠纷，该计划暂时搁浅。

因此，欧盟在第二次伊拉克战争中经历的挫折变得清晰起来。面对美国再次公开提出的以军事为基础的单边主义主张，欧洲共同外交和安全政策的脆弱结构已经崩溃。虽然这一政策在次级问题上可能起到了不错的作用，但对具有全球政治重要性的任务或军事行动来说显然是无用的。就在2001年9月11日纽约世贸中心遭受毁灭性恐怖袭击之后，情况开始变得有所不同。欧盟"三驾马车"向华盛顿表达了失望和同情。就在第二天，共同外交和安全政策的高级代表哈维尔·索拉纳（Javier Solana）和欧盟外长在布鲁塞尔举行了紧急会议。9月11日的袭击"不仅是对美国的袭击，而且是对人类本身以及我们所有人共同的价值观和自由的袭击"。[15] 与此同时，部长们向美国保证他们将参与战斗，打击恐怖主义并启动共同外交和安全政策机制。此后不久，国家元首和政府首脑重申了他们加强共同外交和安全政策、欧洲安全与国防政策的意图，"以便欧盟真正以强有力的同一个声音说话"。[16]

欧洲人毫不犹豫地加入了在美国领导下形成的大型国际反恐联盟。2001年10月4日，北约在其历史上首次决定宣布成立联盟；同时，安理会批准建立一支武装部队，并给予其联合国授权。恐怖组织"基地"组织及其领导人乌萨马·本·拉登被认为是"9·11"事件的幕后黑手。由于他被怀疑身在由伊斯兰教统治的阿富汗，"反恐战争"最初针对的便是这个深受内战蹂躏的国家。早在2001年10月7日，美国作战部队就开始轰炸阿富汗领土。四个星期之后，塔利班政权被推翻，但战争的实际目的却没有达到：本·拉登成功地从他的阿富汗据点逃脱，并保存了该组织的核心。

对阿富汗的战争也标志着欧洲"在兴都库什"的防御开

始。欧洲人派出自己的部队参加了军事行动和随后的安全与重建任务（即加入了驻阿富汗"国际安全援助部队"）。在此过程中，欧洲理事会敦促继续与联合国及其秘书长密切协调行动，并对人道主义援助给予绝对优先考虑。对军事行动的批准和参与暂时加强了跨大西洋的联系，但也加剧了欧洲内部的对立。很快就可以看出，欧盟成员绝非以一个声音说话。至少欧盟三个最大的国家最感兴趣的是如何独立地在国际上发挥作用。因为对他们来说，这比强化欧盟作为一个集体的外交政策行为体的角色更重要，所以他们或多或少无缝衔接到了1991年第一次伊拉克战争局势中。法国、英国和德国一开始进行了一场名副其实的竞赛，比拼谁对美国人的声援最持久并能赢取其特别青睐。与此同时，"三巨头"试图在不考虑共同外交和安全政策的情况下相互协调。2001年10月20日，希拉克、布莱尔和施罗德私下在根特举行了一次三方会议，其保密措施不出所料地失败了，这加剧了合作伙伴之间的不信任。"欧盟名录"的消息已经传开，被排除在外的欧盟成员国则在进行一场相当尴尬的自我邀请赛。无论如何，失望情绪都在蔓延。

当然，这并不令人惊讶。一方面，美国最重要的欧洲军事伙伴之间的协调合情合理；另一方面，几乎不能指望欧盟大的成员国会放弃其在外交和安全政策方面的国家最终决定权，特别是在"9·11"事件之后如此严峻的国际危机形势下。只有涉及战争与和平的决定时，欧盟的单一成员国才有必要的民主合法性，可以在必要时让他们的士兵奔赴前线。但是就如怀疑论者一直以来认为的那样，欧盟在国际影响力上的"可见度"只是存在于表面。

即使是参加所谓的"中东四方"，即欧盟与联合国、美国、俄罗斯一起组成的、于2002年4月10日在马德里举行第一次会议的组织，也无法掩盖这个局面。它并不能阻止美国在伊拉克的"反恐战争"中开辟第二条战线的意愿进一步加强。2003年2月26日,乔治·W.布什总统在华盛顿公开申明,美国准备"以武力解除伊拉克武装"[17],战争的决定早就已经作出。结果,不仅国际反恐联盟垮台了,欧洲统一政策的所有残余表象也都崩溃了。主要的绊脚石是美国拒绝将自己的政策纳入国际组织和联盟的结构,而且这种政策正越来越明显地走向武装冲突。布什政府激进的、带有政治和道德色彩的语言也促成了这种印象。一些欧洲人认为,乔治·W.布什对由伊朗、伊拉克和朝鲜等"流氓国家"组成的"邪恶轴心"[18]的描述显然有些一刀切。相反,人们担心,对伊拉克的新战争会摧毁现有的反恐联盟,煽动阿拉伯国家反对西方,从而引发一场"文明冲突"[19],这一点亟须避免。

基于这样的评估,法国再次成为美国在欧洲的对手。雅克·希拉克总统领导下的法国政府坚持在伊拉克寻求和平解决方案,继续武器核查人员的工作,最后,同时也最重要的是,让联合国和欧洲伙伴参与进来。德国联邦政府也表达了类似的态度。施罗德总理和外交部长菲舍尔也选择了有控制的裁军和有效的审查。战争是不合法的,联合国的决议中没有任何使用军事力量的自动权。此外,关于武装干预伊拉克的讨论恰逢2002年联邦议院选举。当总理"明确"宣布德国绝对不会参加针对伊拉克的军事行动时,坚决的言论为竞选形势带来利好。[20]

与此同时,英国几乎如神经反射般寻求站在美国一边,并像1990/1991年那样,通过无止境的战争声援和结盟再次培养特殊关系,这一事实对任何人来说都不奇怪。英国仍然是美国最重要的盟友,并提供了仅次于美国的最大的特遣队。很显然,就英美关系而言,谁在伦敦执政并不重要。新工党的杰出代表托尼·布莱尔完美地延续了其保守派前任玛格丽特·撒切尔的伊拉克政策。

在这种背景下，欧洲出现了意想不到的，甚至是冒险的态势。一方面，法国、德国和俄罗斯组成了反对英美战争联盟的外交轴心，在中国的支持下坚持和平解决问题并遵守国际义务。另一方面，有可能形成的欧洲集团在中东欧尤其是波兰敲响了警钟。除了直接获取石油、参与伊拉克重建等切实的经济和金融动机，正是这些真正的政治考虑促使亚历山大·克瓦希涅夫斯基总统和莱谢克·米莱尔（Leszek Miller）总理领导的波兰政府全力支持美国和英国。这主要是基于对国家安全和提高自己在国际政治中的地位或威望的考虑。美国作为两次世界大战和冷战的胜利者，在危机来临时似乎比其欧洲邻国更值得信赖。波兰参与伊拉克战争让许多观察家感到奇怪和不解，尤其是因为它在未与欧盟协商的情况下作出该决定。但显然，波兰政府在2003年初触动了中东欧和东南欧国家的敏感神经。否则，很难解释为什么几乎所有中东欧国家都支持美国的立场。

即使绝大多数欧洲人反对军事行动，欧洲在伊拉克问题上的深刻分歧也是公开的。值得关注的是，欧盟的共同外交和安全政策此时却销声匿迹。美国国防部长唐纳德·拉姆斯菲尔德（Donald Rumsfeld）常说，"旧的"欧洲的时代已经过去。在他看来，老欧洲被一个"新的"、充满活力的欧洲所取代，这个欧洲是美国领导的"自愿联盟"的一部分。[21] 美国主要政治家的此类言论和其他许多言论一起对"旧的"欧洲造成了巨大的伤害，并引发了部分公众反美的态度。2003年2月15日，不仅在巴黎和柏林的街头，在伦敦、罗马和马德里，也有数以万计的欧洲人示威反对美国的伊拉克政策。而至少在短期内，具有共同外交和安全政策的政治联盟似乎因第二次伊拉克战争而注定要失败。在历史性东扩不到一年的时间里，欧盟便陷入了深深的无助。

但没过多久,在伊拉克的行动就迎来了幻灭。无论如何,当波兰军队在2008年秋天离开伊拉克时,他们的部署并没有给该国带来最初希望的回报。在战争联盟的其他国家,恐怖主义的威胁发挥了作用。在西班牙和英国发生的破坏性袭击促使这两个国家作好了撤退的准备。2004年3月11日,共有十枚炸弹在马德里市郊的几列火车上爆炸,导致近200人死亡、1400多人受伤。2005年7月7日,伦敦地铁上的几起炸弹袭击事件也同样引人注目,造成56人死亡、近800人受伤,其中一些人伤势严重。伊斯兰恐怖主义分子在这两个首都实施了袭击。波兰和意大利对本国恐怖袭击的担忧也有所增加,这使得对伊拉克的占领更加不得人心。在西班牙,首相何塞·马里亚·阿斯纳尔(José María Aznar)领导下的保守派政府在灾难性袭击发生几天后败选下台。由社会主义政党领导的新政府承担了后果,并命令西班牙军队从美索不达米亚撤退。在意大利,著名记者朱莉安娜·斯格雷纳(Giuliana Sgrena)于2005年2月被劫持为人质并戏剧性地获释,最终导致了国民情绪的转变。然而,直到下次议会选举和罗马诺·普罗迪(Romano Prodi)领导的中左翼联盟执政后,意大利才于2006年夏天从伊拉克撤军。

英国作为美国最重要的盟友,在美索不达米亚坚持的时间最长。然而,布莱尔首相不得不越来越频繁地在普遍的公众舆论面前为这一行为辩护,这导致他一度高涨的人气急速下降。最终,欧洲"自愿联盟"为介入伊拉克付出了高昂的代价。原本的期望让位于幻灭;在国内,相关责任人失去了合法性,在意大利、西班牙,最后在英国,都发生了政府更迭。

第二次伊拉克战争的结果是欧洲和美国之间出现了深刻的隔阂。开始有越来越多的声音指责欧洲人在美国的积极行动面前表现得无动于衷。美国新保守主义者和政策顾问罗伯特·卡根（Robert Kagan）在其2003年出版的畅销书《天堂与权力：世界新秩序中的美国和欧洲》中指出了最尖锐的对立。关于权力的使用，作者区分了他所认为的欧洲和美国的两种不相容的哲学。当美国认识到新世界秩序的明显危险——恐怖主义和"流氓国家"、宗教激进主义和世界范围内的种族冲突——并准备有力地反击，必要时还会采取军事行动时，欧洲却在故意的无能为力中迷失了自己，沉溺于不切实际的繁荣梦想。1945年之后，欧洲人享受了美国人的原子弹保护伞提供的安全庇护，厌恶"残酷的强权政治法则"，并追求一种归根结底并不现实的文明使命。当美国人用他们的军事力量火中取栗时，欧洲人正梦想着伊曼努尔·康德的"永久和平"，并寻求进入一个由法律和秩序、谈判和合作组成的封闭世界。因此，欧洲希望进入一个不切实际的"后历史时期的和平与相对繁荣的天堂"，而美国仍然陷于历史的泥潭：在一个无政府的霍布斯式的世界里，"国际法规和国际法无法依靠，真正的安全以及对自由秩序的捍卫和促进仍然依赖于拥有和使用军事力量"。因此，不再可能假装"欧洲人和美国人有相同的世界观，甚至生活在同一个世界"了。[22]

卡根的书直切要害，像一颗炸弹一样砸了下来。事实上，作者构建了一个（女性化的①）欧洲身份，它不关注欧洲大陆内部的差异（例如法国、英国和德国之间的差异），却在美国享有越来越高的人气，而且不仅仅是在右翼人士中间。再加上大西洋两岸之间的经济鸿沟和欧盟所处的明显的永久性危机，"欧洲末日"隐约可见。但是，这些诱因很快便走到了尽头。

---

① 卡根认为，美国和欧洲的世界观和社会心态已有很大差异，美国人像来自火星而欧洲人像来自金星，正如男人像来自火星而女人像来自金星。——编者注

美国在伊拉克的和平政策的失败，2009年美国引起的严重的全球金融危机，以及巴拉克·奥巴马总统尝试的跨大西洋关系的新开端，迅速结束了卡根的"摩尼教式"的身份构建热潮。一些分类判断本身发生了变化。2008年起，人们的视角开始发生变化。另一种言论突然间产生了影响，这种言论不仅不认同美国人激烈的反欧洲主义，甚至还称赞欧洲是未来的典范。

尽管如此，为了收复失地和重获信任，欧洲必须再次审视共同外交和安全政策的可能性，如果可能的话，"用同一个声音说话"。事实上，就和在南斯拉夫解体后一样，第二次伊拉克战争结束后，欧洲联盟作为国际关系中的一个集体角色重新出现，并以非常快的速度聚集在一起开展新的活动，令人震惊。与欧洲宪法项目一样，它只是继续执行其共同外交和安全政策，就好像什么都没有发生过一样。虽然第二次伊拉克战争仍在破坏欧洲在外交和安全政策领域的统一，但欧盟已经在制定其新的安全战略（ESS）。欧洲理事会于2003年6月20日在塞萨洛尼基拟定的《欧洲安全战略》（European Security Strategy）追求三个战略目标：促进"欧洲周边地区的稳定和良好治理"，建立一种"基于有效多边主义"的世界秩序，以及提升在紧急情况下应对新旧威胁的能力。为了使联盟"更加积极、一致和有能力采取行动"，理事会决定加强彼此之间的协调，提供更多的民用资源，并发展"更灵活的机动部队"以积极进行军事危机干预。[23]

作为新安全战略的一部分，欧盟和北约之间的关系也进行了重组。2003年3月17日的所谓《柏林加协议》规定了两个联盟之间的信息交换以及欧盟依靠北约基础设施开展军事行动的可能性。在此基础上，欧盟作为一个集体军事力量开始变得越来越明显。当美国与联军占领伊拉克时，欧盟继续在阿富汗、马其顿以及2003年以后也在刚果表现活跃。在

2008/2009年，全球有近一万名欧盟工作人员、专家、观察员、培训员、警察和士兵在阿富汗、格鲁吉亚、巴勒斯坦、索马里外海保护船只免受海盗袭击，在乍得和刚果实现区域稳定，当然还包括在科索沃和波黑开展维和行动。欧盟在民事和军事两方面都是强大的存在。它越来越多地将自我形象定位为一个民主和建设和平的国家联盟，以安全事务合作、预防战略和非暴力监管为导向，但并不排除在必要时采取军事行动，或者说"强制和平行动"。

欧盟在这方面的权重增加，在2008年夏天格鲁吉亚和俄罗斯短暂而富有戏剧性的战争中体现得尤为明显。正是因为它能够在北约之外采取行动，欧盟将自己推荐为"诚实的中间人"，至少有一次，共同外交和安全政策的原则和单个成员提高自身形象的努力是并行的。在法国的理事会主席任期内，欧盟从所谓的"萨科齐时刻"中受益：法国总统成功地将自己以及欧盟塑造为停火的主要调解人，从而促进了战斗的迅速结束。

深层次的复杂问题有了新的挑战，一再迫使欧洲国家变得更加"一致"，并采取"有效"的共同行动，因此，欧盟不太可能实现线性的发展。欧盟的"真实的"命运在于不断经历失败、不足以及政治愿望与自身可能性之间的差距。共同外交和安全政策中的重大突破也直接源于持续不断的失败经验。结果也是模棱两可：至少在直接军事行动的范围内，欧盟的共同外交和安全政策是否仍受制于纯粹的政府间逻辑，是相当值得怀疑的。事实上，欧盟还通过其共同外交和安全政策实现了一种创新，虽然其成效仍然有限，但它还是超出了常见的国际政策形式。

第五章
欧洲的危机？

2007年底，有那么一瞬间，欧盟似乎在内部和外部都得到了巩固。随着保加利亚和罗马尼亚的加入，东扩已经暂时完成；当国家元首和政府首脑在12月签署《里斯本条约》时，他们知道他们正在推进深化的进程。但正如历史上经常发生的那样，意外来临了。改革成功和巩固成果的阶段戛然而止。随之而来的是长期的苦难，许多人很快将其视为欧盟迄今为止最深刻的危机。几年前几乎无法想象的事情，现在动不动就会被大肆讨论。诸如欧元区会不会崩溃？欧盟会（或应该）倒退成一种自由贸易区吗？某些国家是否不得不（例如希腊）或想要（例如英国）离开联盟？

欧洲的危机，也造成了欧洲自我认知的危机，它产生自各种源头。尤其是巨大的金融动荡，首先是美国房地产和银行危机，然后是欧洲债务危机，动摇了欧洲的稳定。但这样的危机绝不仅限于金融部门。相反，它很快变成了欧洲机构、政治文化和整个欧盟的危机，欧盟现在比以往任何时候都面临着信心和合法性的急剧丧失。事实上，政治最终是否注定会成为欧洲的出路，这一点也不确定。近期① 俄罗斯和乌克兰之间的对抗以及乌克兰内战，也是欧盟的一场危机，再次突显了民族、民主和国际政治在一体化欧洲中的重要性。

---

① 即截至本书德文原版出版年（2015年）。——编者注

1 2008~2013年的金融与经济危机

2008年,美国和欧洲遭受了前所未有的国际银行业危机的打击,政治家、商业领袖、记者和普通民众对此感到震惊。在欧元区成立十年之际,并且在2005/2006年以来经济大幅上升的背景下,这对欧洲人来说意味着一个粗暴的觉醒。2009年初,当西方世界面临一场数十年来从未出现的衰退时,赤裸裸的恐惧四处蔓延。为了进行历史比较,人们不得不回顾1929年的大萧条;因此,一些人猜测金融系统即将崩溃,破产将会大面积出现,同时还将造成庞大的失业人口。

这场危机的主要根源是美国,在那里,有几个因素相互影响。从历史长期角度来看,首先是20世纪80年代以来推动的金融市场的放松管制和自由化在这20年内造成了严重的后果。在20世纪70年代末,美国金融业陷入严重危机。在国际上,它日渐落后,不得不抵制来自日本和欧洲主要银行的激烈竞争。里根政府的解决方案旨在改革和活跃整个金融部门。根据市场自律的新自由主义理论,国家给予银行和金融机构越来越多的行动自由,消除法律障碍,并将其控制的主要责任转移给市场参与者自己。

这项措施奏效了,但也造成了相应的代价。一方面,美国金融体系持续复苏,甚至令人惊喜。为了利用已经扩大的活动范围,金融机构不断发明新的金融产品,既可以用来转移风险,也可以投机性地增加回报。这些出资证明书和金融衍生品创造了一个快速增长、充满活力的市场。另一方面,放松管制的负面效果在20世纪80年代已经变得明显。如果规则缺失,就有违规的风险。在理论上,"看不见的手"应该是执政者,但不节制、贪婪和腐败很快蔓延。当国家后退得太远时,市场和道德也分化得太远。在迅速数字化的推动下,一个充满活力的国际金融市场在20世纪90年代建立起来，数字化压缩了空间和时间，使跨境交易变得更快。这一金融市场成为雄心勃勃者的游乐场，他们被梦幻般的工资和奖金所吸引。一个由投资银行家（大部分为男性）组成的新的国际精英阶层获得了职业"刺激"、个人财富和社会声望。在去往那里的路上，"操作事故"被社会默许或忽视。因此，2008年金融危机的根本原因在于放松管制的政策以及市场参与者心态的变化。旧的监管体系被摧毁，没有新的控制机制取代。其结果是金融市场的无序全球化。

然而，在20世纪90年代和21世纪初，系统性风险被另一个因素大大加强，即廉价货币政策。20世纪90年代以来，为了提振经济，美国越来越远离早期的货币主义原则。特别是在1987~2006年任职的传奇主席艾伦·格林斯潘（Alan Greenspan）的领导下，美联储（Fed）推行了日益扩张的货币政策。在财政上，伴随着一系列的减税措施，特别是在里根和布什的共和党总统任期内。这导致了一种历史上新颖的、政治上方便的，但从长远来看具有高度风险的新自由主义概念和强烈扩张性货币政策的混合，而这不仅仅体现在不断增长的预算和财政赤字上。

廉价货币和放松管制的政策在20世纪90年代和21世纪初给美国带来了长期的经济增长。在其最好的年代，这一概念被视为典范，但其核心是基于一个不可靠的基础。这是因为金融市场驱动的收入和财富越来越与实体经济脱钩。而被视为重要经济驱动力的美国消费，越来越多地由信贷提供资金，因此泥足深陷。在房地产市场上，这一点最为真实。房地产市场也是导致金融和经济危机的导火索。

繁荣带来的喜悦、宽松的货币以及"财务大师"要通过良好的销售获得更多佣金的愿望，导致了21世纪初美国房地产市场的严重过热。越来越多的公寓和房屋被转移到偿付能力较差的买家手中，但这并没有阻止银行和信贷中介机构发放贷款，即使借贷人信誉可疑。银行将来自不安全债务人的风险证券（所谓的次贷）和安全贷款组合起来以应对由此产生的风险，并将这些具有风险但可交易的证券出售给美国和欧洲的投资者，从而再次收取费用、佣金和高回报。然而，这其中的"不良"证券引发了2008年秋季的全球金融危机。

最终，这种局面就像一场断链游戏：在许多市场参与者（房地产卖家、贷款人、顾问和投资者）长期从泡沫中获利后，最后剩下的是那些没有价值的证券。2006年以来，随着美国经济放缓，房地产泡沫明显破裂。房地产价格的快速下跌也终结了次级证券业务，越来越多的债务人不再能够偿还抵押贷款。其他人在用很少的资本购买的房子贬值后，再也无法增加抵押品。无论如何，房地产交易的债券失去了价值。因此，银行的风险意识增强了，但他们之间的互不信任也随之增加：毕竟，不可能知道一个商业伙伴的投资组合中有多少不良证券，因此银行相互借钱的意愿很快就趋近于零。

金融危机的第一个突出受害者是英国北岩银行。2007年9月，当它的困难为人所知时，名副其实的恐慌出现了。在没有国家帮助的情况下，银行再也无法应付挤提危机。北岩银行被国有化。事实上，最终用来克服银行危机的模式很早就显现了：国家的大规模干预、对存款的无限担保以及公共部门对破产但"系统相关"的银行的全面接管，是避免金融市场完全崩溃及其所有破坏性后果的唯一手段。这样一来，例如在受银行业危机打击特别严重的德国，德国工业银行（IKB）、德国抵押贷款银行（Hypo Real Estate）和德国商业银行（Commerzbank）等多家商业银行几乎都被国有化，或至少被置于国家监管之下。这些交易以及对严重受损的国有银行的救助，使纳税人损失了数十亿美元的补贴和违约担保。

然而，2008年9月15日美国大型投资银行雷曼兄弟的倒闭证明了不拯救一家因其规模而具有"系统重要性"的银行会造成怎样的后果。在短时间内，国际金融市场的相互不信任达到了顶峰。由于信贷交易基本停滞，实体经济很快就缺乏流动资金，因此，金融危机发展成名副其实的经济危机。再一次，只有政治家们能够通过为濒临破产的银行提供大规模的救援方案、实行持续的扩张性货币政策、接管"不良"证券、重新启动经济刺激计划和缓冲社会后果来防止最糟糕的情况发生。在很短的时间内，即在未经议会详细讨论或未与利益集团进行过多磋商的情况下，欧洲和美国政府就提供了数千亿的资金，从而遏制了危机的影响。

然而，这其中存在显著差异。令许多人惊讶的是，德国尽管在2009年出现了4.7%的衰退，却是从危机中恢复得最快的国家。凭借其强大的、以出口为导向的工业基础，德国经济从全球经济的快速复苏中受益。增长率超过3%，加上失业率大幅下降，德国显示了强劲的复苏势头。而那些单方面关注服务行业，特别是金融行业的国家，如英国和爱尔兰，则面临着更大的问题。在其他国家，尤其是西班牙，经济危机前的强劲增长主要是由繁荣的房地产市场推动的，而2009年以来，房地产市场一直处于低迷状态。金融危机的影响也相应更深、更持久，复苏也更加困难。

但是，欧洲人刚刚拯救了他们的银行，就被卷入了另一场严重"源于自身"的金融危机。

从本质上讲，这是一场规模巨大的主权债务危机，为救助银行而采取的支持措施加剧了这一危机。在某些情况下，例如在西班牙和爱尔兰，它首先是由国家银行的救援引发的。然而，希腊是新危机的中心。为了实现2001年加入欧元区的目标，希腊政府向布鲁塞尔提交了经过美化的，甚至可以说是伪造的预算数据，随后还经常违反欧盟的趋同标准。甚至在银行危机之前，希腊的公共债务就已经创下了新纪录。在金融危机发生后，希腊政府也在危机中帮助该国的银行，赤字再次扩大。事实上，这个国家正处于破产的边缘，当这一点变得明显时，人们失去了对其金融市场的信心。希腊政府债券从此被视为风险资产，欧洲人担心希腊的困境可能会蔓延到欧元区其他过度负债的国家，如西班牙、葡萄牙甚至意大利。在这种情况下，所有主要的政治家都相信，大量资本从欧洲外流，整个欧元区面临崩溃的威胁。因此，欧洲各国政府疯狂地寻找出路，并最终决定以援助希腊的一揽子计划作为解决方案。与国际货币基金组织（IMF）一起，作为对严厉紧缩措施的回报，欧盟在2010年5月为希腊设立了一个价值数十亿美元的救援基金。为了进一步稳定欧元，欧洲理事会和国际货币基金组织仅在一天后就调动了7500亿欧元的信贷额度。有偿付能力风险的国家将来应该能够加入这一"保护伞"救援计划。

爱尔兰和葡萄牙相继在2010年12月和2011年5月也不得不采取这一举措。而当希腊在2011年6月再次面临破产时，冲突升级了。德国政府强烈要求在私人债权人的参与下对希腊进行债务重组。作为迄今为止欧盟最大的净贡献国，并考虑到本国公民的情绪，德国极力避免将希腊债务危机变成"无底洞"。然而，大多数欧元伙伴国和持有约400亿欧元希腊政府债券的欧洲央行以同样坚决的态度拒绝了德国的要求。

在短期内，金融危机发展成普遍的政治危机，也发展成对欧盟的信任危机。除了对欧洲和欧元区的金融稳定的担忧，欧洲内部的紧张关系也变得越来越明显。货币联盟现在正在变异为一个责任共同体，这是一个特别棘手的情况。这不仅违反了《马斯特里赫特条约》中所谓的不纾困条款（该条款明确排除了对其他国家债务的责任），而且至少同样严重的是，财政转移及其附带的条件让旧的民族矛盾和偏见抬头。在德国，联邦预算在几年前违反了欧元区的稳定性标准，赤字已经超过了3%这个规定的最高值。然而，这并不妨碍许多德国人将现在初露端倪的《稳定公约》的削弱势头视为对德国在欧洲地位的攻击。诚然，安格拉·默克尔领导下的德国联邦政府现在已经发展成令人钦佩的稳定支柱，并且是名副其实的"储蓄专员"。然而，隐隐约约的担忧在德国蔓延，南欧国家的债务危机引起了德国公众的高度紧张。人们呼吁对希腊采取不妥协的强硬态度，与此同时，越来越多的民粹主义者呼吁将该国排除在欧元区之外。德国经济出色地克服了2009年的危机，德国财政部长也从中受益。一方面，对金融市场的不信任增加，以至于一个欧洲国家1945年以来第一次出现破产的可能性。这种信心的丧失是欧元危机的一个重要驱动因素。另一方面，德国的权重越来越大，以至于市场给了他们迄今为止欧洲最高的信用评级。德国政府债券以相应的低利率进行交易，可以在国际市场上以更便宜的价格进行再融资。联邦财政部长能够用几乎零成本的新政府债券来取代旧的、利率较高的证券。最重要的是，这种机制每年为德国纳税人节省了数十亿欧元。结果，德国的欧洲怀疑论情绪与当前的财政状况成反比发展。

然而，在德国的领导下，欧盟和国际货币基金组织对希腊实施了严格的紧缩计划，希腊以及后来的其他地中海邻国对此越发愤怒。这也造成了自相矛盾的景象：虽然廉价货币政策仍然被全世界视为克服经济危机的首选手段，但希腊政府被迫实施一项近乎残酷的整顿政策。希腊民众对削减工资、服务和社会福利产生的愤怒与反欧洲的怨恨，尤其与对德国的敌视之间只有一步之遥。2011年6月，希腊的整个政治体系似乎处于危险之中。

人们再次诊断出欧洲处于"危机"。然而,被推荐的应对措施有着根本的不同。悲观主义者呼吁解散欧洲,这将使欧洲大陆在现有的一体化水平上倒退。一些人建议希腊退出欧元区,重新启用德拉克马——这是条约没有规定的可能性。其他人甚至认为欧元作为一个整体对欧洲构成威胁,并要求放弃共同货币,或者至多只限于在一个经济核心区域使用。相反,乐观的声音却敦促在危机的影响下,进一步推进超国家一体化。这种声音认为,只有制定共同的欧洲经济、预算和财政政策,或者至少进行更大的强制性协调,才能实现持久稳定。然而,这些考虑触及了国家主权和政府间合作的基本问题。此外,他们还提出了一个仍未得到满意解决的问题,即如何能用民主的程序使欧洲的决定合法化。面对金融危机失控升级、欧元区崩溃和公民对欧洲急剧厌倦,不安正在蔓延,而这种情绪现在越来越多地与对欧洲发展之意义及其"终结"的担忧结合在一起。

2008年以来的金融和债务危机在一定程度上延续了欧洲的危机历史,但与此同时,它也是一个宏观全球事件的一部分。只有系统地考虑到这一点,我们才能获得一个更广阔的历史视野。即使围绕欧元和欧洲公共财政的不安是前所未有的,但将其视为一种单一层面的欧洲现象是不合适的。这种经常出现在日常政治喧嚣中的做法,暴露了欧洲人过于以自我为中心的态度。人们甚至可以问,对欧洲危机的分析关注,难道不是以新的——尽管并不合适的——幌子继续传统形式的欧洲中心主义吗?

欧元危机不应被视为一个孤立的欧洲现象,而应被置于全球背景下,主要有两个原因。第一个原因是,这与政府债务有关。毕竟,根本的核心问题,即持续的国债,绝不局限于欧洲。相反,与经合组织的其他主要经济区域相比,欧洲的债务问题甚至不是特别引人注目。在日本,政府和央行一直在努力通过自由货币政策抵御通货紧缩和增速停滞带来的经济螺旋式下行。有关债务可能会驱动通胀螺旋的警告被忽视了。政策利率屡次下调,直到接近零。日本央行再三购买政府债券,结果却是创下了历史纪录。然而,这并没有阻止日本人在2013年初面对迫在眉睫的经济衰退,通过价值数十亿的经济刺激计划和开动印钞机,再次推行扩张性货币政策。

美国在20世纪90年代和21世纪初也采用了类似的方法。这通常是由当前的危机引起的,在这些危机面前,基本的货币主义信念不得不让步。面对在任期间的第一个重大挑战,即1987年10月19日的股市崩盘("黑色星期一"),格林斯潘就承诺美联储作为"流动性的来源",将持续支持金融体系。[1]十年后,格林斯潘通过将美元注入市场来应对亚洲严重的金融危机;2001年9月11日之后,美联储缓慢而稳步地降息,直到2004年降到1%的历史低点。日本和美国目前都在为这项财政政策的后果苦苦挣扎,未来则还会继续挣扎。

不应将危机视为孤立的欧洲现象的第二个原因源于其全球化背景。因为欧洲危机是我们目前目睹的具有历史意义的更大发展的一部分:它几乎是关于全球金融力量的结构性转变,其方向是从旧工业化国家向亚洲(也包括阿拉伯)地区的新工业和金融强国转移。诚然,债权人或债务人到底在哪里拥有更大的权力并不明确。但毋庸置疑,老牌工业化国家的国债问题巨大,中国和一些阿拉伯石油输出国则以主权财富基金的形式积累了巨额财富。这些主权财富基金正在西方世界寻找投资可能性,并且已经找到了一些机会。在2007/2008年美国次贷危机之后,来自阿联酋、新加坡和科威特的主权财富基金从陷入困境的花旗集团手中购买了总计180亿美元的资金。其他银行也受益于外国基金经理的参与。在欧洲,以阿布扎比投资局

（ADIA）和中国投资公司（CIC）为首的外国主权财富基金更倾向于投资工业企业。被民众所熟知的事件包括阿布扎比投资局收购戴姆勒（后又退出），以及戴姆勒随后和中投进行谈判，后者最终购买了戴姆勒3%的股份。但这只是外资基金公开的行为，基本上只是其投资活动的冰山一角，尚无法预见其长期后果。不可否认的是，它反映了全球金融实力的转变。我们必须在这种全球背景下看待欧洲的发展。

当然，人们可以说，欧洲和欧元区不能与美国或日本相提并论，因为它们不是一个由民族国家组织起来的、拥有中央金融政策工具和执行权力的有机体。这无疑是欧元区特别容易受到金融市场投机行为影响的决定性原因。虽然没有美国和日本那么严重的债务，但它有可能更快地失去市场信心。三年多来，金融市场和评级机构似乎可以随意决定事态，对欧洲政治家的意见置之不理。在这里，欧元集团的国家多样性、不同的经济和金融政策、多层次的政治体系，以及最后欧洲内部的怨恨都被证明是不利的，是金融业者批评和投机的通道。与此同时，金融市场对欧元区的政治行动作出了可持续的反应。对共同货币的坚决捍卫重新赢得了失去的信心，受到威胁的欧元国家的政府债券的风险利率出人意料地大幅下降，局势（至少暂时）稳定下来。

这表明了欧盟面向未来的发展潜力。因为如果把欧洲的危机经验与上述全球视角联系起来，就会产生一个问题，即危机是否比以往任何时候都更多地把泛欧利益的定义列入历史议程。这种利益的定义与经济和金融政策在关键问题上的趋同将进一步压抑欧盟各成员国从民族国家出发的立场。然而，以这种方式定义的欧洲利益只能从持续的、相当痛苦的政治斗争中产生，在这个过程中，欧洲未来还必须克服严重的冲突。

与欧洲以外地区的比较尤其促使我们去定义欧洲共同利

益。事实上，自2010年拯救希腊以来，这种情况就已经发生了，尽管行为体并不总是这么看待自己的行为。无论如何，现在有充分的理由推动真正的欧洲财政政策，尽管这一在五年的危机管理之后建立起来的政策备受争议。向希腊、爱尔兰和葡萄牙提供的财政援助以及欧洲稳定机制（ESM）救援基金的成立表明，财政政策、银行联盟和改革压力仍在继续，加上欧洲央行备受争议的债券购买，这些金融政策工具已成为全球发展的主流。无论如何，过去三年的历史表明，这些努力可能会产生一个矛盾的结果：无限责任和通货膨胀将不复存在，取而代之的是建立信心、稳定金融、开展更密切的财政合作，并最终强化欧元。2013年以来的危机进程表明，欧洲在政治上一直保持着这种平静，金融市场的投机注意力正在迅速转移，并寻求新的目标。因此，目前尚不清楚最近为稳定欧元而作出的决定最终是否会产生积极影响。

在某种程度上，这样的发展将符合上述欧洲一体化的逻辑。欧洲的危机总是为增强欧洲趋同的新尝试提供动力。没有人会否认，这种机制的后果是矛盾的。然而，要说金融危机中的离心倾向在一体化政治的复杂环境中重新被抵消，大概是合乎逻辑的。因为要构建一个更好的欧洲，无疑就意味着要有意愿使用更多的欧洲手段来克服危机，换句话说，借由"更加欧洲化"来实现这一点。时至今日，没有一个欧洲政治家能逃脱这种系统性背景。它决定了政治语言和在欧洲层面可以"言说"的内容。因此，欧洲一体化的继续"进步"，即欧洲财政和经济政策的进一步趋同，不仅无法被排除，还具有很大可能性。

因此，欧洲金融危机及遏制危机的历史就是一个很好的例子，说明欧洲的共同政策在多大程度上受到路径依赖的影响。具体而言，这意味着政治任务（和危机）只能通过这些要素并在历史路径已经提供的体制框架内解决。离开自我设定的道路，无异于冒险逃离从历史中发展而来的现实。[2] 这种逃避是绝对不被允许的，因为考虑到届时将产生的政治、财政和文化成本，这对任何人来说都似乎是立不住脚的。其结果是欧洲机构的权限和权力逐步"向内"扩张。[3]

正是在这种路径依赖的逻辑下，在金融危机中释放的离心倾向还是被"更加欧洲化"的政策所牵制。实现"更加欧洲化"的措施已经准备就绪，现在需要更多地把它们加以应用，而这些措施也为进一步的联邦化或超国家化指明了方向。这些措施包括引入共同的政府证券（欧洲债券）、银行联盟，以及加强欧洲税收和经济政策的协调甚至趋同化。在此基础上，产生自债务危机的欧洲一体化已经呈现进一步加强的迹象。

2 欧洲怀疑论与2014年欧洲议会选举

在刚刚平息的欧元危机背景下，2014年5月22~25日的欧洲议会选举尤其引人关注。这从国际媒体的报道范围就可见一斑。事实上，选举发生在两条发展线的交汇处，这两条发展线赋予了此次选举前所未有的重要性。一方面，此次选举将整个欧洲普遍存在的负面情绪推向高潮。在选举前夕，民众就已经开始激烈讨论欧洲怀疑主义甚至敌对势力的选票比例会有多高。然而，另一方面，欧洲议会选举标志着欧盟的体制深化彻底成功。因为这是第一次根据《里斯本条约》具有宪法性质的新规定进行的选举。这代表着一项进程迎来暂时的终结：自1979年第一次直接选举以来，欧洲议会的地位便在不断加强。《里斯本条约》第一次赋予议会和欧洲选民对委员会主席的选举产生决定性影响的权利。和之前一样，现在仍然由欧洲理事会向议会提议候选人，但在这样做时必须考虑到"欧洲议会的选举结果"。最后，议会以简单多数选举委员会主席。但这意味着欧洲行政机构进一步"议会化"，从而实现"民主化"。

因此，2014年的欧洲议会选举再次标志着欧洲一体化的矛盾发展：一方面，它有可能成为广泛的反欧洲情绪的民粹主义投票，出于各种原因反对布鲁塞尔的"中央集权"和"民主赤字"；另一方面，它已经遵循了联盟宪法的规则，该宪法早已被深化，因此也更加集中。欧洲各方政党知道如何立即利用这一局面给他们带来的机会。其中最重要的五个党派，即具有基督教民主色彩的保守党派欧洲人民党（EVP）、社会民主党、自由党、绿党和左派，分别从他们的队伍中选出了一名顶级欧盟候选人。对民主选举有着重要意义的个性化元素首次被提升到欧洲舞台。五位候选人，即卢森堡的让－克洛德·容克（Jean-Claude Juncker，欧洲人民党）、德国的马丁·舒尔茨（Martin Schulz，社民党）、比利时的居伊·伏思达（Guy Verhofstadt，自由党）、德国的斯卡·凯勒（Ska Keller，绿党）和希腊的亚历克西斯·齐普拉斯（Alexis Tsipras，左派）在几个国际广播电视节目中相互辩论。尽管这些电视辩论颇具争议，但候选人在一点上完全一致，即未来的委员会主席只能从他们之中确定，这意味着基于选民的投票确定。

因此，2014年的欧洲选举从本质上带来了惊人的创新，起初唯一的问题是欧洲理事会，即国家和政府首脑，是否会效仿。在选举前情况已经很明了，即只有容克和舒尔茨作为两个最强大政党的候选人，有实际赢得多数选票的机会。两人都是经验丰富的政治家，以不同的方式代表了欧洲的机构。容克曾在2004~2013年初作为卢森堡首相主持欧元集团的工作，在金融和经济政策方面有着丰富经验。而马丁·舒尔茨则在欧洲议会任职，多年来担任社会民主党团主席，2012年当选为议会主席。因此，他的雄心壮志是要成为以真正议员身份当选为委员会主席的第一人。总之，两人都代表了欧盟的现状和积极务实的进一步发展。

结果，人民党以29.43%的选票和221个席位成为最强大的政党。社会民主联盟则仅获得25.43%的选票和191个席位。当最终结果揭晓时，只有容克作为最强集团的候选人，有机会被提名并当选委员会主席。他也马上果断地接受了这个职位，使欧洲各国政府首脑面临压力。因为他们现在面临着两难境地：如果他们想遵循《里斯本条约》中规定的他们所代表的政策，他们就必须认真对待第9d条，并将"欧洲议会的选举结果"作为其人事任命的标准。容克之外的其他任何提名，不仅会导致与欧洲议会间的宪法冲突，还意味着政治阶层在欧洲选民的脸上打了一巴掌。那样的话，里斯本会议所设想的欧洲行政机构的谨慎的"议会化"将在第一时间被否定，败给传统的"裙带关系"。在柏林执政的大联盟很快意识到，这将导致欧洲政策的惨败。德国总理安格拉·默克尔在欧元危机期间有时与容克有相当大的分歧，但她没有犹豫太久，就公开承诺对他的提名。这是一个具有重大意义的决定，仍然摇摆不定的欧洲各国政府首脑基本上都遵循了这一决定。最后，就连英国首相戴维·卡梅伦也没再提出反对意见。

在国内，卡梅伦已经承受了来自他自己的保守党、公开反欧洲的民粹主义的英国独立党（UKIP），以及公众对欧洲的批评所带来的巨大压力。他对容克持有强烈的保留意见，因为他深信这个卢森堡人是一个不折不扣的"联邦主义者"，他想以牺牲国家权限为代价使欧洲政策进一步融合。与此相反，卡梅伦在竞选中支持一位"改革者"担任新的委员会主席，同时强调欧洲理事会有提名其选择的主席的主权。这场争执很激烈，据说卡梅伦甚至威胁说，如果容克成为委员会主席，英国将立即退出欧盟。尽管如此，当欧洲理事会于2014年6月27

日就卢森堡人作出决定时,卡梅伦至少坚持进行了正式投票。然而,除了他,只有他的匈牙利同行欧尔班·维克托投票反对容克,这使容克获得了明显的多数提名。然而,这一结局并没有阻止卡梅伦向多数派代表预言,他们将来会"后悔"作出这一决定。引用这位英国首相的话说:"这对欧洲来说是悲哀的一天。"4

卡梅伦和欧尔班对容克的反对代表了那些不喜欢欧盟整体方向、归根结底想要一个不同的欧洲的声音。事实上,如果不是选举结果相当不尽如人意,2014年的欧洲议会选举可以被认为是欧盟深化、逐步议会化和民主化历史上一个短暂的高潮。通过谨慎的议会制成功深化欧盟的概念,同时在欧洲选举中明显增加反欧、民族民粹主义势力的选票,是一把双刃剑。除此之外,选民的投票率也长期处于低位。尽管选举取得了前所未有的媒体关注度,但只有42.54%的公民参加了选举,这一数值甚至略低于2009年的水平。

可以说,三分之二的席位都给了致力于欧洲一体化的既定政党。但看看另外三分之一,对布鲁塞尔和欧洲建制的抗议派在其中抱团,不得不让人担心。地区主义、民粹主义甚至右翼极端主义政党已经在欧洲国家的政治派别中站稳了脚跟。他们不仅反对多元文化主义和移民,还呼吁退出欧元区和《申根协定》,即退出欧洲内部的行动自由圈。对地位感到不安,对衰落甚至丧失繁荣的恐惧持续扩散,对全球化带来的结果持怀疑态度,排外情绪……如此种种,共同形成了一种爆炸性的混合物,在这种情况下,似乎只有撤退到"国家"甚至"地区"的范畴才能得到熟悉感和安全感。在2014年的欧洲议会选举中,采取该种方案的右翼民粹主义政党从沮丧而低落的选民情绪中获益不少。

民粹主义者在英国和法国特别成功,在奥地利、丹麦和荷兰也是如此。英国的英国独立党和法国的国民阵线是最强大的欧洲政治力量，分别获得26.8%和25%的选票。丹麦的丹麦人民党也是如此，它取得了26.6%的成绩；奥地利的奥地利自由党也取得了略低于20%的成绩。在法国和英国，民粹主义者的成功就像一场政治地震，人们担心它将对两个国家的政治文化产生长期影响。而在意大利，民主党的中左翼联盟得到了超过40%的支持率，有迹象表明社会民主主义正在复苏。在德国，主要政党社民党和基民盟的选举结果也相对稳定，而新成立的"德国选择党"（AfD）仅获得7.0%的选票。除了在政治上拒绝欧元，该党在纲领上没有更多实质性的内容。而它究竟是一个"资产阶级"政党，还是一个民粹主义政党，仍然是一个有争论的问题。然而，一些事件清楚地表明了后一种倾向。例如，2014年8月，萨克森州的德国选择党邀请了知名的奥地利右翼激进分子安德烈亚斯·莫尔泽（Andreas Mölzer），他曾将欧盟描述为"黑人联合体"。莫尔泽甚至因为他的种族主义言论而被迫辞去了奥地利自由党欧洲最高候选人的职务，但他的个人形象似乎并没有对德国选择党在萨克森州的选举活动构成问题。相反，他在那里被视为一个"资深政治家"。[5]

在对选举结果的分析中，人们一致认为，反欧派的投票力量不容忽视。尽管反欧派取得了事实上的多数，我们却并不能由此认为欧洲议会本身的工作会受到严重阻碍；这也是由于欧洲怀疑论者或公开的反欧势力在议会中虽然赢得了大约20%的席位，但其内部仍然不团结，存在强烈分化。而右翼民粹主义成功的真正影响，大概是在国家政府层面。因为正是在民粹主义者取得了突出成绩的地方，如英国和法国，政府受到了国内政治压力。适当的政治调整和由此引起的欧洲政策的强硬化也是意料之中的。

无论如何，2014年5月的欧洲选举结果与人们所熟悉的欧洲一体化进程一样自相矛盾。它们在体制上是创新的，标志着欧盟民主化道路上的一个重要阶段。然而，与此同时，选举给斯特拉斯堡和布鲁塞尔带来了比以往更多的欧盟反对者。选举既加强了欧洲议会的权力和重要性，使其第一次能够将委员会主席强行塞给欧洲理事会，同时也推进了国家政治和政府间政治的发展，国家政治在未来还必须考虑到自己队伍中的欧洲怀疑论者。因此，选举对于欧盟的理念来说，既是一个进步，也是一个挫折。

3 欧盟的新外交政策？"阿拉伯之春"与乌克兰危机

当代欧洲史上的一个悖论是，欧盟的体制危机与其对国际政治的进一步渗透并存。因为当许多人担心2008年以来日益加剧的危机可能会演变成威胁其生存的问题时，欧盟正在努力扩大自身的国际影响力。《里斯本条约》第7a条明确规定了欧盟的对外政策主张，并提纲挈领地指出："欧盟应与周边国家发展特殊关系，以便在欧盟价值观的基础上创造一个繁荣和睦邻友好的地区，其特点是基于和平关系开展紧密合作。"[6]《里斯本条约》还设立了欧盟共同外交和安全政策高级代表，实际上类似于欧盟外交部长，从而从体制上为上述纲领目标奠定了基础。第一位任职者是英国人凯瑟琳·阿什顿，她很快就能够借助新成立的欧盟外交部门大展拳脚。

如此昭彰的欧盟外交政策雄心很快就迎来了严峻的考验。这场考验始于2011年的"阿拉伯之春"。诚然，地中海阿拉伯国家的剧变令欧洲人大吃一惊。但人们早就感受到了潜在的动荡。在该地区的政权中，一些称得上荒诞的社会不平等现象备受关注。然而，反对统治者的人民运动动机并不单一；相反，它是由面向西方的力量和伊斯兰教的力量共同推动的，后者不是为了追求政治自由，而是为了追求权力和道德上的纯粹。剧变的影响也相应地矛盾重重，从而使欧盟和整个西方陷入了两难境地。过去，欧盟、美国和跨大西洋联盟明确地依赖该地区的政权，认为从长远来看，它们是更稳定和可靠的解决方案。沙特阿拉伯、埃及甚至利比亚都是很好的例子。这虽然符合欧洲国家的地缘政治利益，但不太符合欧盟的外交政策定位。自20世纪90年代以来，欧盟的外交政策已经形成了理论规范，但由于担心"来自底层"的、不可控制的进程和伊斯兰教的危险，充其量只是三心二意地遵循规范。因此面对"阿拉伯之春"和相关的权力转移，欧洲人没有一致的态度。无论如何，欧盟在使用军事手段时极为谨慎，无法为利比亚、叙利亚或埃及等任何热点地区的民主稳定作出贡献。最终，欧盟政策既不利于稳定，也不利于民主化。这一政策尽管（或者说正是）因为其承诺民主的外交政策而被寄予厚望，但它往往会走向死胡同，在阿拉伯世界严重缺失信誉。

当出现军事干预问题时，例如在利比亚，争论变得尤为关键。与以往一样，欧盟无法与对反对派使用暴力的穆阿迈尔·卡扎菲（Muammar al-Gaddafi）找到统一立场。在北约的最高指挥下，法国和英国发挥了积极的军事作用，通过支持叛乱分子帮助推翻了卡扎菲的统治。德国则在联合国安理会投了弃权票，拒绝参加军事行动。2011年夏天卡扎菲倒台后，萨科齐和英国首相戴维·卡梅伦毫不犹豫地一起访问了的黎波里，以庆祝他们的胜利，而德国外长韦斯特韦勒（Westerwelle）再次因为自己的决定而受到批评。然而，与此同时，欧盟早就开始了幕后活动。特别是组织了从利比亚撤离欧洲公民的行动，以及推进了人道主义援助工作。

2014年上半年,圣战恐怖组织"伊斯兰国"(IS)控制了伊拉克北部和叙利亚东北部的大部分地区,给西方带来了全新的挑战。这里精心策划的大规模暴力、叙利亚和伊拉克的逐步解体以及难民潮的重新兴起,基本上已经注定了西方政治的失败。具有象征意义的是,最终只有库尔德自治区可以被认为是一个稳定因素。几十年来,库尔德人一直被视为潜在的动荡根源,因为他们争取建立自己国家的努力使中东的现状受到挑战。但在2014年年中,库尔德武装力量佩什梅格(Peschmerga)在被摧毁的叙利亚和正在分裂的伊拉克派遣了美国和北约都不想增援的地面部队。欧盟内部立即就是否该向库尔德人提供武器以打击恐怖主义展开了辩论,这凸显了西方世界的困惑,尽管这一问题最终得到了积极的答案。而且土耳其还拒绝派兵支持直接位于其东部边境的库尔德城镇科巴内(Kobane),该镇已经被"伊斯兰国"部队包围,战斗进行得非常艰难。

随着叙利亚内战、伊拉克支离破碎以及该地区数百万难民涌入欧洲,所有西方国家,尤其是以地区和平力量自居的欧盟,陷入一片混乱。国内人道主义政治的艰巨努力再一次帮助减轻了暴力造成的后果。难民问题总是容易加剧欧洲内部的冲突。在2011年的前几个月,情况急剧恶化。长期执政的总统扎因·阿比丁·本·阿里(Zine el-Abidine Ben Ali)在突尼斯被推翻后不久,利比亚统治者卡扎菲为政治生存而战,数千北非难民涌入意大利。很快,意大利小岛兰佩杜萨(Lampedusa)不堪重负,该岛是重要的难民接待营所在地。2011年4月6日凌晨,一艘满载难民的船只在兰佩杜萨岛附近倾覆,约200人在欧洲之门溺水身亡。这样的悲剧数次重演,但欧洲共同体对此毫无对策。意大利政府认为,北非难民问题影响到整个欧洲。在罗马,人们感到被遗弃,开始不顾欧洲伙伴的强烈反对为北非难民提供旅游签证。由于这至少在理论上允许难民继续进入申根地区，邻国宣布在边境地区实行新的、更严格的管控，并考虑放弃《申根协定》的规则。不久之后，在首相拉尔斯·勒克·拉斯穆森（Lars Løkke Rasmussen）领导下的丹麦少数党保守政府作出了严肃的表态：在右翼民粹主义的丹麦人民党的影响下（政府需要依赖其让步），再次对德丹边境实施管制。诚然，这直接导致了哥本哈根和柏林政府之间的分歧，而且这些措施并没有持续很长时间。但这一事件再次表明，欧洲正在为巩固其外部边界进行着多么彻底的准备，以及这从人权角度看将会有多么艰难。

但欧盟的外交政策在欧洲内部是如何发展的呢？1991年从苏联分离出来的乌克兰自2004年一直是欧盟的直接邻国，日益成为欧盟外交政策在欧盟内部最关注的地区。然而，与大多数其他后社会主义国家相比，乌克兰的归属问题更为紧迫：乌克兰的政府体系被许多西方批评家视为腐败，而且与其二战期间的历史有着割裂的或至少是有争议的关系。那么，乌克兰是否为西方的一部分，是否可能成为欧盟甚至北约的成员国？还是说它只是俄罗斯势力范围的一部分，因此属于一个根本不同的文化和利益领域？其他苏联继承国对这些问题的回答有一定的合理性。例如，根据波罗的海国家人民和政府的意愿，波罗的海国家是欧盟软组织的一部分，所以自然尽快加入了欧盟。而白俄罗斯从独立之初就毫无疑问地倾向于俄罗斯，从欧洲人的角度来看，白俄罗斯没有达到一个入盟候选国所必要的最低民主和宪法标准。

另外，乌克兰的长期外交政策、经济和文化取向问题是冲突的主要根源，有可能使该国四分五裂。居住在乌克兰东部的俄罗斯人比例很高，占克里米亚、卢甘斯克和顿涅茨克地区人口的大多数，这使得这一问题更加严重。因此，当代欧洲的所有与身份有关的文化冲突，不论涉及语言、宗教还是地区方面，在乌克兰至少都有可能成为具有种族底色的冲突。

在这种背景下，关于国家认同和国家未来选择的争议变成了一场名副其实的拉锯战。它在2004年的总统选举过程中升级，当时的"橙色革命"将反对派候选人维克多·尤先科（Viktor Yushchenko）推上了台面。尤先科和他的短期盟友尤利娅·季莫申科（Yulia Timoshenko）推行尖锐的反俄和明显的亲欧政策，而欧盟却没有为他们描绘一个可以快速实现的蓝图。然而，自2007年3月以来，关于扩大结盟协定的谈判一直在进行。即使在尤先科的竞争对手维克多·亚努科维奇（Wiktor Janukowitsch）赢得2010年总统选举后，乌克兰仍继续向欧盟靠拢。

2011年12月，欧盟领导人和亚努科维奇宣布就结盟协定文本达成一致。从数量和质量上看，这项协定都标志着与东部周边国家合作的一个新阶段。这份文件长达400多页，主要包括深化经济和政治关系，乌克兰进入内部市场，以及在能源、运输、环境保护、教育和青年发展等方面开展合作的协议。这两个伙伴还希望在安全和外交政策领域以及打击有组织犯罪方面进行更密切的合作。该协议是有条件的：乌克兰承诺遵守欧洲的主要价值观，如民主、法治、市场经济、人权和基本自由。正如《联系国协定》序言反映了一个共识，即"乌克兰因为欧洲国家共同的历史和价值观，与欧盟成员国联系在一起，而乌克兰基于对其欧洲身份的重视，承诺促进这些价值观"，并"重申欧盟承认乌克兰的欧洲愿望，欢迎其选择欧洲，包括承诺建立一种更深入和可持续的民主和市场经济"。[7]通过这项协定，欧盟也让乌克兰见到了成为入盟候选国的曙光。

从某种意义上讲，欧盟由此延续了1989~1991年的动荡时期。即使对1989年的中东欧反对团体来说，欧洲共同体似乎也是政治自由、民主和繁荣之间有机联系的最佳象征。在经历了几十年的苏联统治后，加入欧盟意味着逃离莫斯科，并宣告"回归欧洲"。这种最初对欧盟的热情在过渡阶段发挥了多方面的作用。它与苏联划清了界限，并追忆了作为欧洲文化一部分的中东欧人民的历史。此外，迅速加入欧盟的前景使中东欧的政治进程有了目标感，鉴于1989/1990年剧变后的破败状态，这也是当时社会迫切需要的。

25年后，这一机制在乌克兰重演，因为民主理念的半径和欧洲以个人主义人权为基础的自由与繁荣模式的吸引力再次增强。但和历史上一样，各种力量激起了反作用，也引发了方向之争。乌克兰的未来之争再次表明，欧洲当代史并没有遵循线性发展模式，而只能被理解为一个辩证和模糊的过程。

事实上，关于结盟的协定也被卷入了乌克兰国内政治的旋涡。新总统亚努科维奇对其落败对手尤利娅·季莫申科的审判显然是出于政治动机，后者最终被判处七年监禁，这与对欧洲价值观的共同承诺形成了鲜明对比。随后，草签工作被推迟，直到2012年3月30日才由附属签署方推动进行。在全面批准该协定之前，结盟行动将如何发展取决于当时乌克兰政治和法律的进一步发展。

但是，结盟协议不仅提出了乌克兰国内政治道路的问题，还造成了明显的国际冲突。批评者可能会问，这是否体现了一种欧盟一味进行扩张的不合理冲动？而且这一冲动是否明显对俄罗斯考虑太少？在经历了20世纪90年代普京领导下的衰退后，俄罗斯正准备巩固其大国身份，从而巩固其在欧洲的地位。无论如何，当乌克兰在2013年因政府行为不端，且被报道有腐败嫌疑而陷入巨大的财政困难时，普京趁机利用了这一局面。俄罗斯通过向乌克兰政府发出最后通牒，阻止了原定于2013年11月底与欧盟签署《联系国协定》的计划。乌克兰的能源供应在很大程度上依赖于俄罗斯,如果天然气供应不足,每个冬天都可能异常难熬,这一事实使俄罗斯的最后通牒达到了预期效果。亚努科维奇总统最终让步,宣布签署协定为时过早。同时,他呼吁欧盟与俄罗斯和乌克兰举行三方会谈。

接下来在乌克兰西部及其首都基辅发生的强烈抗议表明,这种迫于压力转向俄罗斯的态度多么强烈地触动了乌克兰国内的政治神经。拒绝签署《联系国协定》是所谓"迈丹(Maidan)运动"的开始信号:数周来,反对派示威者冒着严寒占领了基辅中央广场——迈丹广场。签署《联系国协定》的要求很快演变为一场反对现任总统及其政府的广泛运动,要求其辞职的呼声越来越高。示威者真正代表的是谁,以及他们在多大程度上代表了多数意见,仍然存在争议。在俄罗斯以及在西方,有批评人士指出,迈丹广场上可能存在民族主义和右翼极端势力,并怀疑有部分示威者是被美国和欧盟的资金"收买"了。相比之下,欧洲各国政府和大多数舆论指出了迈丹运动真正的民主性质,但较少关注反对的声音。然而,不可否认的是,反对派认为在欧盟保护伞下的自由欧洲里,乌克兰才有未来。这场运动被称为"欧洲迈丹",部分原因在于它有时被认为是"真正的"欧洲的化身。虽然欧盟的态度似乎过于犹豫不决,但正如乌克兰日耳曼学研究者和迈丹活动家尤尔科·普罗查斯科(Jurko Prochasko)所言,"欧洲理念的实现"正在"这里"发生。[8]

即使政府和警察对示威者使用暴力,抗议者仍然不屈不挠。2014年1月20日,局势升级,安全部队向示威者发射实弹,造成人员伤亡。紧接着,欧盟外交部长会议对乌克兰侵犯人权的行为表示愤慨和深切关注。[9]他表示,对反对派的恐吓、不分青红皂白的绑架和类似事件是对欧盟的挑战,如果出现进一步的侵权行为,欧盟将采取行动,并在必要时采取制裁措施。然而，使用暴力基本上是陷入困境的总统亚努科维奇的最后抵抗。2014年2月22日，在迈丹运动的压力下，乌克兰议会解除了亚努科维奇的职务，决定在5月25日举行新的选举，并决定释放尤利娅·季莫申科。同一天，议会选出了一位临时总统，稍后又组建了一个临时政府。

然而，如果认为乌克兰从此走上了通往欧洲的安全道路，那真是大错特错。事实上，乌克兰亲欧派的胜利似乎是一个出人意料的转折点，从那一刻起，1989年以来被重塑的欧洲发生了翻天覆地的变化，对此至关重要的是俄罗斯政府最终改变了政策，因为它显然感受到乌克兰亲欧倾向带来的挑战。事实上，俄罗斯不仅给予亚努科维奇政治庇护，还立即在乌克兰边境展开各种军事演习。最重要的是，莫斯科此时公开打着统一主义牌，利用居住在境外的俄罗斯人作为改变领土现状的发酵剂。乌克兰内部关于国家方向的冲突和新出现的民族问题因而交织在一起。

这最初涉及克里米亚。该半岛主要由俄罗斯人居住，1954年作为赫鲁晓夫的"礼物"落入乌克兰手中。1991年苏联解体和乌克兰脱苏后，克里米亚局势立即紧张起来。毕竟，俄罗斯黑海舰队驻扎在塞瓦斯托波尔（Sewastopol），继续畅通无阻地进入黑海是俄罗斯的根本利益所在。尽管1997年和2010年亚努科维奇政府通过长期租赁解决了船队问题，克里米亚还获得了广泛的自治权，但是克里米亚的问题仍然很严峻。因此，在乌克兰政府被推翻和重新选举后，克里米亚立即成立了一个新的"自治"政府，这并不令人惊讶。早在2014年2月底，新自治政府便立即宣布就是否继续归属乌克兰的问题举行全民公投。在此背景下，俄罗斯提供了直接支持。

因此，围绕乌克兰的拉锯战最终升级为冷战结束以来欧洲最严重的国际危机。在本国和克里米亚的大力支持下，普京推进了将该半岛并入俄罗斯的进程。根据西方的普遍观点,他因此违反了适用的国际法。西方国家政府特别提到1994年12月的《布达佩斯备忘录》。[10]其中哈萨克斯坦、白俄罗斯和乌克兰承诺交出其领土上剩余的核武器。作为回报,美国、英国和俄罗斯保证了苏联继承国的主权和领土完整。然而,普京对这一言论作出了回应,反驳称西方本身违反了《布达佩斯备忘录》,试图影响乌克兰的国内政治发展。[11]这场关于现有条约内容和阐释的争端唤起了人们对冷战时代的清晰记忆。

当然,《布达佩斯备忘录》在国际法框架内并不完全具有约束力,正如在宪法理论中关于"进攻性分离",即违背中央集权型国家意愿进行的分离在多大程度上符合国际法一直存在争议那样。俄罗斯的做法也可以构建出不同的法律立场。与此同时,事实的力量取得了胜利。2014年3月18日,克里米亚以压倒性的亲俄公投方式脱离了乌克兰,加入了俄罗斯,到2014年年中时几乎没有人真正相信此举可以逆转。尽管如此,普京的进攻行动引发了整个西方的反对,加剧了东欧昔日的恐惧,并可能引发严厉的制裁。这场危机也因此变得具有威胁性。但在乌克兰新任总理亚采纽克(Arsenij Jazenjuk)签署《联系国协定》的政治部分时,热点已从克里米亚转移到了乌克兰东部。克里米亚的做法给这里起了示范作用。2014年4月7日起,激进示威者占领了顿涅茨克和卢甘斯克的公共建筑;很快,公开的分离主义势力设法接管了这两个地区的地方政权,当然,各种迹象表明他们得到了俄罗斯的支持。

2014年5月25日,寡头彼得·波罗申科(Petro Poroshenko)当选为新总统,但这并没有改变乌克兰日益脆弱的局势。亲俄分离主义分子接管了顿涅茨克和卢甘斯克地区,乌克兰危机演变为一场名副其实的内战。不容忽视的是,分离主义分子最初得到了俄罗斯的默许,这种默许很快就变为公开的支持。因此，国际社会试图通过实施制裁让俄罗斯屈服，美国和个别欧洲国家，如英国、波兰和波罗的海国家甚至倾向于更严厉的制裁。因此，在欧盟内部很难就如何应对普京的侵略行径进行谈判。此外，直到2014年夏天，制裁仍然徒劳无功。当乌克兰军队于2014年8月向东部进军，打击分裂主义分子并取得成功时，人们最初关心的问题是俄罗斯是否会在乌克兰动用武力"保护"他的"同胞"。随着时间的推移，答案越来越明显，俄罗斯确实在向乌克兰东部的分裂主义分子提供军事支持。

到2014年年中，乌克兰的动乱和类似内战的冲突导致数百人死亡，数十万人成为难民。这个国家实际上已经失去了克里米亚，不得不担心自己的统一，并面临着毁灭性的经济危机。如果这是欧盟更加"积极"的外交政策的结果，那么它就需要作自我批评了。事实上，自我批评的声音并不缺乏。特别是有人问到，欧洲关于乌克兰的每一项政策是否都应该更系统地将俄罗斯的利益纳入考虑范围，以及对迈丹运动的支持是否过于片面。从更广泛的视角来看，我们需要思考这样一个问题，那就是在1991年后，西方和欧盟在建立有俄罗斯参与的欧洲集体安全体系方面是否完全失败了。

这就引出了有关普京和俄罗斯政府的动机的现实问题。现在对此作出最终判断还为时过早。可以认为，动机是不一致且复杂的。例如，在近代历史上，俄罗斯总会在感觉到自身有被挤出欧洲的危险时采取行动。而展示其自身在东欧和中欧的军事力量是它一贯使用的方式。事实上，人们可能会问，从俄罗斯的角度来看，2013年底事态是否已经发展到了要这样做的程度。倘若如此，那么欧盟的进一步扩张以及北约可能很快会扩张到俄罗斯的边界，便是不可接受的。在这种情况下，德国和美国的政治家们是否在1989/1990年向戈尔巴乔夫承诺，北约在任何情况下都不会向东扩张，仍然存在争议。[12]诚然，当时的口头声明,例如汉斯·迪特里希·根舍尔和詹姆斯·贝克(James Baker)的声明,是在德国统一的直接背景下作出的,就当时的情况来看,他们当然不可能提及尚不存在的国家。但不管人们如何评价消息来源和事实,现在不仅波兰和捷克共和国,还有波罗的海国家等原来的苏联加盟共和国都已成为北约成员,这肯定对于赢取俄罗斯的信任无任何益处。

至少在西方和俄罗斯之间的现代化伙伴关系破裂时,情况是这样的。在20世纪90年代,有一段时间,俄罗斯似乎明确地转向西方,与之一起建立可持续的公民社会和民主结构,并推动经济一体化。这一前景符合20世纪90年代初欧洲的乐观主义基调,也符合欧盟的普及化趋势。正如英国前驻莫斯科大使罗德里克·莱恩(Roderic Lyne)在2006年建议的那样,为什么俄罗斯不会在未来的某一天成为欧盟的成员呢?[13] 可是才过去短短几年,回望这种构想,已恍如隔世。在普京的领导下,俄罗斯恢复了大国的单边政策,要求拥有自己的势力范围和在欧洲的直接发言权。此外,在乌克兰问题上存在着领土收复主义的倾向,这几乎一直是民族主义情感受到伤害的标志。当乌克兰的俄罗斯人少数群体担心会失去自己的文化身份时,这一点就变得更加真实。随着2014年春天俄罗斯实行的军事干预,它总算制止了1991年以来的全球政治力量的转移。普京获得了不可或缺的共同决定权,在乌克兰,他获得了权力政治的一个重要杠杆。然而,这同时也意味着危险,特别是考虑到普京所享有的巨大的国内政治支持,他将成为一个被驱使的人——被他自身的魅力和自我宣传的民族主义动力所驱使,去为俄罗斯谋求更大的权力、规模和影响力。

从这个意义上说,2014年秋季的情况非常具有威胁性。因为它反映了欧洲历史上一种令人沮丧的"非同时性":乌克兰的民族主义势力积极动员人们反对俄罗斯的上述主张,至少从西方的角度来看,俄罗斯的主张类似于返祖性的(atavistisch)、旨在领土扩张的强权思想①。这不仅仅让人联想起久远的19世纪。而且在乌克兰,一种曾在1989年之后引起中东欧担忧的局面正在到来。自从剧变发生以来,中东欧国家首先不得不重新获得并进一步发展其作为民主的民族国家的身份,这种身份一度在20世纪20年代和30年代被打破。甚至在1989年之前,面对苏联,"国家"就已成为维持自身身份的重要工具。比如波兰、罗马尼亚和匈牙利。1989年之后,中东欧人民将政权的解体与民族的意外复兴结合起来。他们在民族国家的框架内建立了他们的民主国家。在剧变发生的过程中,民族神话和象征、赞美诗和节日、历史叙事和对历史的解释都很繁荣。几乎在中东欧的所有地方,人们都求助于民族,因为他们意识到这将确保政治和文化的进步。当克服狭隘的民族国家政治在西欧被提上日程时,民族在东欧和东南欧获得了进步概念的地位。因此,西欧国家在19世纪和20世纪所经历的民族和民主之间的调和,注定要以更快的方式在中东欧完成。

对乌克兰来说尤其如此,因为与欧洲邻国不同,它作为民族国家走过的历史并不悠久。今天,其自身民族特性的锐化和同质化也相应地剧烈起来。在19世纪,在与"他人"的斗争甚至战争中建立国家是西欧和中欧历史的巨大推动力之一。2014年,在基辅可以再次发现,人们谈论着是否需要再次到街垒去,为自由而献身。

这种明显不可阻挡的、主要体现在有争议的语言政策上的两极分化,[14]使该国的民族文化群体分离,或者说从一开始

---

① 经济学家熊彼得认为,19世纪末20世纪初欧洲的帝国主义是一种"返祖现象",即倒退到资本主义前的野蛮掠夺和剥削模式。——编者注

便塑造了各不相同的群体。虽然几十年来他们一直和平共处，共同组成了"意料之外的国家"[15]——乌克兰，但现在冲突有可能使他们互相攻击。最后，就像20世纪90年代南斯拉夫的情况那样，每个人都可能被迫决定是做俄罗斯人还是乌克兰人。这在顿巴斯已经成为现实，那里在2014年11月再次爆发内战。在此之前，约有70万难民背弃暴力肆虐的地区，其中约一半前往俄罗斯，另一半前往乌克兰西部地区。一种不容忽视的危险在于，就和20年前面对巴尔干半岛的种族化和国家解体过程一样，欧盟最终将无能为力。

结 论
哪个欧洲？

乌克兰危机再次引发了欧洲边界问题。虽然这个问题由来已久，但在近代历史上，它被反复提出并非偶然。站在西方的角度看，答案似乎很简单，即欧洲边界直到1989/1990年才发生了改变。欧洲一体化是战后西欧的一个特殊进程的结果，它不断发展出神话的特征。其"宏大叙事"始于舒曼计划。从此，欧洲从第二次世界大战的废墟中重新站了起来；它通过合作和一体化确保了自由中的和平，并在此基础上实现了历史上前所未有的繁荣。这种叙事减少了复杂性，很容易被人掌握和讲述。1989年之前一直存在的欧洲政治地图也塑造了欧洲的未来。在大多数政治家、商界领袖、记者和知识分子的心理地图中，铁幕构成了欧洲的边界。它制约了思维，并将欧洲大陆分为"光明的西部地区"和"黑暗的东部地区"。

随着1989年的中东欧剧变，这条分界线一夜之间消失了，西方关于欧洲统一的叙事也同样迅速过时。新兴的中东欧国家将自己视为欧洲的一部分，他们将自己"推回"欧洲，并直接贡献自己的经验和问题：缺乏繁荣，面临新的民族紧张局势。这一切从根本上改变了欧洲的边界以及欧洲叙事的方向。铁幕的"硬边界"被"软边界"所取代。这样的边界不再造成分离，因为它们自身可以被逾越，欧洲也由此被团结在一起。然而，与此同时，全新的边界也被创造出来。捷克人和斯洛伐克人分道扬镳，并在各自的领土之间建立了国家边界；波罗的海国家之间也建立起边界,以对抗衰落的苏联,并借此向欧洲靠拢。乌克兰这个即将成为欧洲第二大国的国家在曾经的苏联土地上划定了自己的边界,其西部地区倾向于欧盟,而东部地区则与俄罗斯联系更加紧密。俄罗斯本身在多大程度上属于欧洲,则是自莱布尼茨、孟德斯鸠和赫尔德以来一直存在争议的问题。

1989年后欧洲边界的动态重组再次证实了一个古老的观点,即欧洲不是静态的,不是一个可客观定义的庞然大物。相反,欧洲正在不断地重塑自己。它所形成的空间、它的外部边界与内部整合的机制一样,都可以发生历史性的改变。因而绝不排除欧洲试图封闭其外部边界的情况,实际上这已经发生,并导致其南部边界出现新形式的大规模苦难。虽然5亿多欧洲人在欧洲大陆享有完全的行动自由,但与此同时,外部控制也在加强。欧洲成为来自世界各地(但主要来自非洲和中东)的政治难民、宗教受迫害者和劳工移民的"应许之地",它试图将自己封闭起来,并越来越严格地划定界限。

但这些外部边界在哪里?这个问题的答案变得比以往任何时候都更加不确定。人们把视野扩大到东欧和经过东扩的欧盟之外,因此也加强了那些担心一体化的欧洲过度扩张会导致其重蹈覆辙、自暴自弃的疑虑。事实上,如果文化研究广泛接受国家作为"想象的共同体"[16]的定义,那么划界问题就变得更加突出。因为如果想要划界问题具体化,那么共同体的理念也需要具体的限制。即使"欧洲"是一个依赖时间来构筑、不断变化并经常被重新定义的事物,但正如汉斯·乌尔里希·韦勒(Hans Ulrich Wehler)所指出的那样,这种重新定义"只可能在狭窄的范围内"[17]实现。正如欧洲民族国家的历史所教导的那样,超越语言和宗教差异的文化认同只可能在明确界定的政治边界内发展。但欧洲的外部边界到底在哪里?

土耳其于1999年12月11日正式获得候选国地位，关于土耳其可能加入欧盟的讨论成为这一问题的试金石。有了这个决定，欧洲理事会将文化认同中笃定的核心因素提出来重新讨论。这场辩论实现了一个重要的"镜像功能"，也就是说，它有助于人们对自己的（即"欧洲的"）文化基础作出审视和确认。从历史上看，几乎没有什么比开始与土耳其进行加入欧盟的谈判更令人兴奋的了。这是有史以来第一次有一个东方地区被宣称属于欧洲（或至少是存在这种可能性）；而几个世纪以来，欧洲一直将其视为自己身份的反面，甚至是对立面。从这个角度来看，土耳其与欧洲的历史共性，即土耳其历史上的"欧洲身份"，在西方人看来，大抵只是一段相当负面的"纠缠史"（histoire croisée），即它仅仅代表着欧洲人数百年来对土耳其人的恐惧，代表着土耳其1453年对君士坦丁堡的征服以及1529年和1683年对维也纳的围攻。

但是，认为文化未受邻国影响的观点是与历史经验相矛盾的。那些声称土耳其（也包括俄罗斯）由于其文化边界，肯定无法发展出一个基于基本权利的公民社会的人，终究只是在描绘一幅单维的甚至是静态的画面。20世纪80年代以来的全球化发展已然带给我们一些新的看法。因此，一些声音警告说，在寻找"欧洲身份"的过程中，不要过分专注于一种成熟的文化，从而把自己封闭在自身的过去中。这样将无法欣赏渐进式的进步，并会以文化为由长期将土耳其彻底排除在外。

因此，土耳其加入欧盟（目前已不再是一个问题）的倡导者们认为，欧洲拥有一种多元化的文化，而这种文化又将众多的历史结合在一起。鉴于欧洲文化区边缘的模糊和重叠，人们不可能从历史的角度将土耳其从希腊和罗马的古典文化圈中分离出来。如果土耳其与欧洲文化不兼容，那么巴尔干半岛也是如此。此外，欧洲联盟宣布的目标不是创造统一性，而是保护和加强文化多样性。基于这些前提，土耳其基本上一直是欧洲历史的一部分。从政治上讲，人们关注的问题则是，土耳其在民主、法治和人权方面在多大程度上达到了"欧洲标准"。1993年通过的哥本哈根标准具有决定性意义，该标准也适用于东欧候选国。到21世纪初，土耳其已经创造了哥本哈根要求的市场经济所需的体制和经济条件，几乎已经没有人再质疑这一点。但它是否也实现了"稳定的体制，用以保障民主、法治、人权，并尊重和保护少数群体"[18]呢？以及土耳其是否会在不久的将来实现这一目标呢？

在这些问题上，各方态度不尽相同。支持土耳其加入欧盟的一派作出了总体上有利的预测。在人权方面，该国显然走上了西方路线；通过近年来的改革，赤字问题得以系统性地解决。因此，即使在2003年成为总理的雷杰普·塔伊普·埃尔多安（Recep Tayyip Erdoğan）领导下的、以伊斯兰主义为导向的正义与发展党执政期间，土耳其也废除了死刑，并打击了酷刑，同时加强了多元化。但也正是埃尔多安屡次用含糊的言论给批评土耳其加入欧盟一事的人送上"弹药"，因为他一再质疑居住在欧盟的土耳其人是否愿意融入欧盟。2011年以来，土耳其越发将中东视为自己的外交政策参考系。埃尔多安清楚地看到了土耳其作为一个区域性强国在未来的作用，并呼吁阿拉伯和土耳其建立一个"政治、经济和文化联盟"[19]。今天，人们不禁要问，欧洲是否错过了将土耳其与自己长久地联系在一起的历史机遇。无论如何，土耳其是否会再次更倾向于西方，从而更倾向于欧盟，是一个完全开放的问题。

而土耳其对自身过往历史的态度通常被视为其"欧洲潜力"中的一个障碍。例如，直到今天，土耳其官方政治都一再拒绝承认自己对在第一次世界大战中大规模谋杀亚美尼亚人负有历史责任，甚至拒绝积极有效地"对待"这段往事，从而引发了激烈的争议。这种拒绝的态度与在欧洲越发被视为具有决定性意义的思想相抵触。事实上，任何关于欧洲身份的讨论，最迟都会在近代史上陷入严重困境。欧洲人看待历史有一种根深蒂固的共同模式，即试图从根本上将自己与欧洲大陆黑暗的历史区分开来。关于欧洲历史的诸种叙事，例如大国琐事、殖民主义和帝国主义、极权主义意识形态、世界大战和种族灭绝，为欧洲如今的"脱胎换骨"充当了负面陪衬。事实上，欧洲以其黑暗的过去构建了一个特定的"他者"，如今的欧洲"价值共同体"的身份便是要与之一刀两断。因此，帕斯卡·布鲁克纳（Pascal Bruckner）等评论家谈到了欧洲在进行自我鞭笞，称这是一种"道德受虐"和自我强加的"忏悔义务"。[20]

毕竟，识别和审视过去的不义之举的意愿和能力越来越成为欧洲的一种核心文化技能。掌握这一技能，可以说是登上"欧洲列车"所需的门票。因此，只要还无法正视第一次世界大战中大规模谋杀亚美尼亚人的这段历史，土耳其全面参与欧洲事务的前景就仍然黯淡；相反，塞尔维亚政府将2011年5月逮捕被指控犯下战争罪行的拉特科·姆拉迪奇（Ratko Mladić）视为一种进步，且随后还将进行有关塞尔维亚加入欧盟的具体谈判。

与历史密切相关的欧洲边界问题揭示了一个有趣的悖论，它在过去塑造了欧洲的历史，在全球化的时代还变得更加重要。一方面，"欧洲"显然与大陆领土息息相关，以至于大不列颠究竟是否能算作完全属于欧洲，也是有争议的问题。然而，另一方面，结成联盟的欧洲表达了十分明确的普遍主张。民主和法治、人权、福利和社会保障在全世界具有无可比拟的吸引力。在这方面，欧洲的边界是流动的，欧洲在一个不断变化的世界中不断重塑自己。当然，这又提出了一个老问题，即是否在明确界定的领土上才能发展出健全的、民主的司法领域。那么，欧盟能在多大程度上依靠普遍原则或在世界范围内代表这些原则，并且不让自己的利益受损？尽管欧洲的政治现状存在一些老问题和许多新的不确定性，但不可否认的是，20世纪90年以来，欧洲大陆已经进入了历史上"最幸福"的时期，即拥有建立在自由基础上的和平，经济繁荣与良好的社会保障相结合，自由主义带来文化财富。这难道不是一种天堂吗？尽管存在不可否认的巨大的不平等，但大多数欧洲人仍然自感身处天堂之中，或至少已经跨过天堂的门槛。事实上，人们不禁要问：谁不希望像欧洲人那样生活？从这个角度来看，几乎没有人反对欧洲代表着一种可以推广的发展模式；这样的欧洲具备应对全球挑战的能力，并成为联系日益紧密的"世界社会"中的灯塔。[21]

当然，一切并非那么简单。这绝不仅仅是因为欧洲模式本身就有足够多的政治文化问题，或者它必须担心其在全球化时代的经济物质基础。从历史的角度来看，谈论欧洲的"发展模式"是有问题的。这一切都隐藏着本质主义建构（essentialistische Konstruktion）的危险，毕竟本质主义建构只能从内部进行，而无视外部的观点。此外，还有一种目的论的危险，那就是把欧洲的现状假定为历史的目标，亦即假定为历史的发展潜力和发展进程所必然朝向的目标。然而，这很可能导致过去服从于现在，并用现在的尺度来衡量过去。其结果将会是写出一部相当平淡的欧洲进步史，从目的论的角度对历史进行重新编排，并剥离其复杂性。这样的历史将成为欧洲中心主义的神话。

相反，我们必须强调现代欧洲历史所具有的复杂且矛盾的特性。毫无疑问，这在很大程度上来源于历史上人们为调和民族与民主的关系所付出的努力，直到今天，情况仍然如此。这个进程得益于这样一个事实，即欧洲的发展模式为民族和民主之间的紧张关系所导致的问题找到了一个史无前例的而且迄今为止仍然成功的答案，即"一体化"。一方面，它诞生于一个自我毁灭的大陆的痛苦的历史经验；另一方面，它还寄托了人们的希望和坚定的期待，那就是它将能够拯救欧洲历史，并赋予其新的未来。欧洲一体化源于民族国家，但同时也源于民族国家的狂妄自大。事实上，欧洲一体化似乎只不过是在战后时期的条件下确保欧洲民族国家存在的一种方法。

具体而言，这意味着一体化构成了一种工具，使欧洲各国能够根据普遍适用的，因此也是公认的原则，平等地和平共处。共同体奉行"自由、民主、尊重人权和基本自由及法治的原则"；它加强了"各国人民之间的团结，尊重他们的历史、文化和传统"，并促进他们的"经济和社会进步"。这就是《马斯特里赫特条约》序言所阐述的内容。

事实上，欧洲一体化的原则似乎可以在特定的民族因素和普遍因素之间创造平衡，这对于国家的现代化发展非常重要。欧盟为民主的、在种族方面日趋同质化的民族国家提供了一个协调框架。然而，作为一个特定的"西欧战后项目"，传统形式的一体化已经结束。换言之，在一个拥有新的优先事项的时代，它已经过时了。例如，法国的欧洲政策如果想要跟上时代，就不能再是一种对德政策了；法国必须在新的更大的欧洲中找到自己的角色。这同样适用于重新统一的德国，它不再位于一体化欧洲的东部边缘，而是位于一体化欧洲的中心。与此同时，欧洲一体化的宏大叙事——"欧洲的凤凰涅槃"——已经过时。新的中东欧成员国在战争期间和战后有着完全不同的、非常有争议的经历。西方关于一体化的叙事不可能适用于它们。经济发展的巨大差距，以及民族国家、民主和欧洲统一之间的新格局所引发的紧张，正在改变叙事的方向。

还有一个问题是，这种基于世俗和平等思想的欧洲—西方模式也想在世界社会中发挥政治效力。乌克兰的事件充分说明了这一点。通过提及人权和民主宪法，这种模式在言语上变得义正词严，并带有道德色彩。即使相应的政治制度无法充分实施，它所蕴含的前提也被投射到世界社会。这样一种政治潜藏着巨大的危险，它一方面代表着普遍的价值，另一方面代表着具体的利益，而且无法以连贯的决策和赋权来执行两者中的任何一个。其后果只能是或多或少地丧失公信力。1992年以来，欧盟作为一个政治行为体就已经不止一次经历这种情况了。

最后，我们需要再次强调欧洲自相矛盾的潜在趋势及其历史上出现的悖论。很明显，自20世纪80年代以来，欧洲历史是多么充满活力，但同时也充满矛盾，并产生了新的趋同浪潮。它的矛盾特征体现于不平等中的不断同化、渐进分化中的不断统一以及加速一体化进程中的新解体。

致 谢

我要在此感谢C.H.Beck出版社，特别是塞巴斯蒂安·乌尔里希（Sebastian Ullrich）先生给予我的建议和鼓励，以及卡罗拉·萨姆罗夫斯基（Carola Samlowsky）女士提供的大力支持。这本书选取了我2012年在《自由的代价》一书中详细描述过的许多内容，并延续了那部分内容，将欧洲历史书写至今。然而，这一历史正在悄无声息地发生变化。鉴于希腊新选举的结果，有关欧元稳定性和金融危机的问题比几个月之前具有更大的不确定性。每周都有来自乌克兰和俄罗斯的新消息，没有人知道那里的事态发展将把欧洲和欧盟引向何方。"当代史"（Zeitgeschichte）作为"此时此刻"的"史前史"（Vorgeschichte），必须考虑到这些不可估量的因素。但如果能够避免草率的类比和预测，她将能够通过自己的方法和视角，为我们用历史的眼光审视当下作出可持续的贡献。

在书稿完成之际，我要真诚地感谢当代史研究所同事们给予我的支持，尤其是阿格尼丝·布列斯劳·冯·布列森斯多夫（Agnes Bresselau von Bressensdorf）和约恩·雷特拉斯（Jörn Reterath），以及桑德拉·富尔古特（Sandra Fürgut）、伊娃·吕特克迈尔（Eva Lütkemeyer）和马蒂亚斯·泰格（Matthias Täger），是他们帮助我更好地理解当代欧洲。我还要感谢安妮特·沃曼（Annette Wöhrmann）女士，得益于她的辛勤付出，我们才能够应对当代史学术研究中烦琐的日常事务性工作。

慕尼黑，2015 年 1 月 28 日

参考文献

鉴于最新的当代史的性质，我们必须以跨学科的方式来看待1989年以来的欧洲历史这一研究对象。除了最早的历史研究，还有来自社会学和文化学等相邻学科的大量文献。因此，在下文中，只能提供一部分具有一般性主张的研究文献。C.H.Beck 出版社在其网站（www.chbeck.de/go/Geschichte-Europas）上提供了一份更全面的参考书目。

对20世纪欧洲历史进行一般性描述的作品，大多数都是在最后几章中涉及1989年以来的历史。Tony Judt 的《战后欧洲史》（*Geschichte Europas von 1945 bis zur Gegenwart*，慕尼黑，2006）是其中非常引人注目的作品。同样值得一提的是 Harold James 撰写的《20世纪欧洲史：1914~2001年的衰落与崛起》（*Geschichte Europas im 20. Jahrhundert. Fall und Aufstieg 1914–2001*，慕尼黑，2004）。然而，越来越多的历史学家将1989年以来的时期作为欧洲历史上的一个独立时代，例如 Ivan T. Berend 的《1980年以来的欧洲》（*Europe since 1980*，剑桥，2010）主要从经济史的角度进行了阐述，Philipp Ther 的《旧大陆上的新秩序：新自由主义欧洲的历史》（*Die neue Ordnung auf dem alten Kontinent. Eine Geschichte des neoliberalen Europa*，柏林，2014）则主要关注中东欧如何在新自由主义的标志下被改造的问题。Andreas Wirsching 则在《自由的代价：当代欧洲史》（*Der Preis der Freiheit. Geschichte Europas in unserer Zeit*，

第二版，慕尼黑，2012）一书中对这段历史进行了全面介绍。

专家学者已经就苏联解体、东欧剧变以及苏东国家向市场经济的过渡进行了多方位研究。就具有浓厚戈尔巴乔夫色彩的政治史而言，值得一提的著作包括 Archie Brown 的《共产主义的兴衰》(Aufstieg und Fall des Kommunismus，柏林，2009)，以及 Mariá Huber 的《莫斯科，1985年3月11日：苏维埃帝国的解体》(Moskau, 11. März 1985. Die Auflösung des sowjetischen Imperiums，慕尼黑，2002)。也有从历史亲历者角度进行叙述的著作，主要包括 Timothy Garton Ash 的《被抛弃的一个世纪：来自1980-1990的中欧中心》(Ein Jahrhundert wird abgewählt. Aus den Zentren Mitteleuropas 1980–1990，慕尼黑和维也纳，1990)，György Dalos 的《帷幕已拉开——东欧统治的终结》(Der Vorhang geht auf. Das Ende der Diktaturen in Osteuropa，慕尼黑，2009) 和《戈尔巴乔夫传：人与权力》(Gorbatschow. Mensch und Macht. Eine Biografie，慕尼黑，2011)。重要的国家研究类著作包括 Helmut Altrichter 的《俄罗斯1989：苏维埃帝国的没落》(Russland 1989. Der Untergang des sowjetischen Imperiums，慕尼黑，2009)，Beata Blehova 的《共产主义在捷克斯洛伐克的没落》(Der Fall des Kommunismus in der Tschechoslowakei，维也纳，2006)，Hartmut Kühn 的《团结工会的十年：1980~1990年的波兰政治史》(Das Jahrzehnt der Solidarność. Die politische Geschichte Polens 1980–1990，柏林，1999)，Andreas Rödder 的《德国——统一的祖国：两德统一史》(Deutschland einig Vaterland. Die Geschichte der Wiedervereinigung，慕尼黑，2009)，Andreas Schmidt-Schweizer 的《1985~2002年的匈牙利政治史：从自由化一党统治到巩固阶段的民主》(Politische Geschichte Ungarns von 1985 bis 2002. Von der liberalisierten Einparteienherrschaft zur Demokratie in der

Konsolidierungsphase，慕尼黑，2007）。

后社会主义社会和经济转型是一个重大的当代历史事件，在 20 世纪 90 年代初便已经吸引了政治、社会和经济等学科领域的显著兴趣，转型研究也因此发展成一个独立的子学科。20 年后，当时的一些论断被相对化，甚至被推翻。从今天的观点来看，较为全面的研究著作主要包括：Wolfgang Franzen 等人出版的《欢喜、失望和现实之间的东欧：1990~2003 年为可持续发展而进行的系统性转型的相关数据》（Osteuropa zwischen Euphorie, Enttäuschung und Realität. Daten zur Systemtransformation 1990–2003 für eine nachhaltige Entwicklung，美因河畔法兰克福和纽约，2005），Maya Hertig 的《捷克斯洛伐克的解体：国家和平分裂之分析》（Die Auflösung der Tschechoslowakei. Analyse einer friedlichen Staatsteilung，巴塞尔等地，2001），Laure Neumayer 的《欧洲在后社会主义转型中的挑战：1989~2004 年的匈牙利、波兰和捷克共和国》（L'enjeu Europenne dans les transformations postcommunists. Hongrie、Pologne、République Tcheque 1989–2004，巴黎，2006），David Ost 的《团结的失败：后社会主义欧洲的愤怒与政治》（The Defeat of Solidarity. Anger and Politics in Postcommunist Europe，纽约州伊萨卡，2005），Milada Anna Vachudova 的《未分割的欧洲：共产主义之后的民主、杠杆和一体化》（Europe Undivided. Democracy, Leverage, and Integration after Communism，牛津，2005），以及 Dieter Segert 的《20 世纪东欧的转型》（Transformation in Osteuropa im 20. Jahrhundert，维也纳，2013）。当前的国别研究和有关后社会主义"稳定状态"的详细评估可参见 Günther Heydemann 和 Karel Vodička 出版的《从东方集团到欧盟：比较 1990~2012 年的系统转型》（Vom Ostblock zur EU. Systemtransformationen 1990-2012 im Vergleich，哥廷根，2013）。

全面和平转型的最大例外是南斯拉夫。因此，南斯拉夫的解体以及南斯拉夫的内战和继承战争是一个独特的研究课题，并且将在未来很长一段时间内受到历史学界的关注。由于海牙国际刑事法庭就前南斯拉夫问题进行审判，研究资料的状况也有了很大改善。基本信息可见 Dunja Melčić 出版的《南斯拉夫战争：史前史、过程及后果》(Der Jugoslawien-Krieg. Handbuch zu Vorgeschichte, Verlauf und Konsequenzen，第二版，威斯巴登，2007）。值得关注的全面性叙述可见 Sabrina P.Ramet 的《巴尔干的巴比伦：南斯拉夫的解体，从铁托之死到种族战争》(Balkan Babel. The Disintegration of Yugoslavia from the Death of Tito to Ethnic War，纽约，1996），Miloš Nicolić 的《南斯拉夫的悲剧：斯洛博丹·米洛舍维奇的崛起、统治和衰落》(The Tragedy of Yugoslavia. The rise, the reign and the fall of Slobodan Milošević，巴登-巴登，2002）。历史研究跨度更大的是 Holm Sundhaussen 的《南斯拉夫及其继承国，1943~2011年：一部不寻常的寻常历史》(Jugoslawien und seine Nachfolgestaaten 1943–2011: Eine ungewöhnliche Geschichte des Gewöhnlichen，维也纳，2012），Elizabeth Pond 撰写的、源自新闻报道视角的《巴尔干半岛的终局：政权更迭，欧洲风格》(Endgame in the Balkans. Regime Change, European Style，华盛顿特区，2006）。有关科索沃战争的著作有 Rafael Biermann 的《科索沃的学徒岁月：防止战争爆发的国际危机预防机制之失败》(Lehrjahre im Kosovo. Das Scheitern der internationalen Krisenprävention vor Kriegsausbruch，帕德博恩，2006）。

1990年以来，欧洲民主国家在全球化（和经济压力）的影响下如何发展，以及它们将如何继续发展，也是一个重要的当代历史课题，跨学科研究正在如火如荼地进行。不过以历史研究为依据，从经济学角度对1989年以来的状况进行的整体性分析还有待加强。Steffen Mau 和 Roland Verwiebe 的《欧洲的社会结构》(*Die Sozialstruktur Europas*, 康斯坦茨, 2009) 和 William Outhwaite 的《欧洲社会》(*European Society*, 剑桥, 2008) 提供了关于社会发展的信息。下列著作从不同侧重点出发, 对国际竞争、资本依赖性的增加和劳动力市场的变化等问题进行了阐述: François Bafoil 的《中欧和东欧: 全球化、欧洲化和社会变革》(*Europe centrale et orientale. Mondialisation, européanisation et changeement social*, 巴黎, 2006), Robert Castel 的《社会问题的变形: 雇佣劳动纪事》(*Die Metamorphosen der sozialen Frage. Eine Chronik der Lohnarbeit*, 康斯坦茨, 1995), François Eyraud 和 Daniel Vaughan-Whitehead 出版的《扩大后的欧盟中不断变化的工作世界: 进步与脆弱性》(*The evolving world of work in the enlarged EU. Progress and vulnerability*, 日内瓦, 2007) 和 Daniel Vaughan-Whitehead 出版的《欧盟新成员国的工作和就业条件: 趋同或多样性》(*Working and Employment Conditions in New EU Member States. Convergence or Diversity*, 日内瓦, 2005)。

政治学的一个关键主题是政党、议会制度和政治文化的转变过程, 尤其是在日益增强的民粹主义的影响下。Colin Crouch 的《后民主》(*Postdemokratie*, 美因河畔法兰克福, 2008, 首次出版于 2003 年)为这一领域的研究奠定了基调。关于(右翼)民粹主义问题的比较研究是一个流动性很强、不断变化的课题, 相关著作有 Frank Decker 的《压力下的政党: 西方民主国家中的新右翼民粹主义》(*Parteien unter Druck. Der neue Rechtspopulismus in den westlichen Demokratien*, 奥普拉登, 2000), Susanne Frölich Steffen 和 Lars Rensmann 出版的《执政的民粹主义者：西欧和东欧民粹主义执政党》(*Populisten an der Macht. Populistische Regierungsparteien in West- und Osteuropa*，维也纳，2005) 和 Cas Mudde 所著的《欧洲民粹主义激进右翼政党》(*Populist Radical Right Parties in Europe*，剑桥，2007)。欧洲各地的民粹主义思潮与种族和文化认同问题有关，这是另一个研究重点。进行比较研究的主题著作包括：Mabel Berezin 和 Martin Schain 出版的《欧洲无国界组织：重新映射跨国时代的领土、公民身份和身份》(*Europe without Borders. Remapping Territory, Citizenship, and Identity in a Transnational Age*，马里兰州巴尔的摩和伦敦，2003)，Jeffrey T. Checkel 和 Peter J. Katzenstein 出版的《欧洲身份》(*European Identity*，剑桥，2009)。Thomas Risse 的《欧洲人的社区？跨国身份与公共领域》(*A Community of Europeans? Transnational Identities and Public Spheres*，剑桥，2010) 强调了跨国公共领域的出现，指出它也越来越具有身份构建的作用。

关于移民的历史和现状是"身份"辩论中的一个重要分题，相关著作包括 Klaus J. Bade 的《变化中的欧洲：18世纪末至今的移民》(*Europa in Bewegung. Migration vom späten 18. Jahrhundert bis zur Gegenwart*，慕尼黑，2000)，Edda Currle 的《欧洲的移民：数据与背景》(*Migration in Europa. Daten und Hintergründe*，斯图加特，2004)，Benjamin Etzold 的《当代流动社会中的非法移民：非洲移民与欧洲边境安全政策》(*Illegalised Migration in the Liquid Modern Age. Migranten aus Afrika und die europäische Grenzsicherungspolitik*，柏林，2009)，Roland Verwiebe 的《欧洲境内的跨国流动》(*Transnationale Mobilität innerhalb Europas*，柏林，2004)。关于欧洲地区主义，请特别参见 Patrick Eser 的《分裂的国

家:全球化的地区?全球化和欧洲一体化背景下的巴斯克和加泰罗尼亚民族主义》(*Fragmentierte Nation-globalisierte Region? Der baskische und katalanische Nationalismus im Kontext von Globalisierung und Europäischer Integration*,比勒费尔德,2013),Luis Moreno 的《西班牙的联邦化》(*The Federalization of Spain*,伦敦,2005),Michael Keating 的《民族反国家:魁北克、加泰罗尼亚和苏格兰的民族主义新政治(*Nations against the State. The New Politics of Nationalism in Quebec, Catalonia and Scotland*,伦敦和纽约,1996),Bernard Fournier 和 Min Reuchamps 出版的《比利时和加拿大的联邦制:社会政治比较》(*Le fédéralisme en Belgique et au Canada. Comparaison sociopolitique*,布鲁塞尔,2009)。

关于伊斯兰教在当代欧洲扮演(以及应该扮演)的角色的讨论是一个非常重要的话题。就此议题富有争议且有趣的学术研究可参见:Thierry Chervel 和 Anja Seeliger 出版的《欧洲的伊斯兰教——一场国际辩论》(*Islam in Europa. Eine Internationale Debatte*,法兰克福,2007)。以法国为研究对象的、经验最为深刻的研究是 Franck Frégosi 的《在世俗主义中思考伊斯兰教:法国穆斯林与共和国》(*enser l'islam dans laïcité. Les musulmans de France et la République*,巴黎,2008),Angelos Giannakopoulos 和 Kontadinos Maras 出版的《欧洲关于土耳其的争辩:对比性研究》(*Die Türkei-Debatte in Europa. Ein Vergleich*,威斯巴登,2005)以及 Claus Leggewie 出版的《土耳其和欧洲:位置》(*Die Türkei und Europa. Die Positionen*,法兰克福,2004)。

自1989年以来,转型后的中东欧产生了新的、在细节上极具争议的集体记忆和历史政治形式,关于相关内容的探讨可见 Etienne François 等人出版的《1989年以来欧洲的历史政治》(*Geschichtspolitik in Europa seit 1989*，哥廷根，2013)，Regina Fritz 等人出版的《国家及其自我形象：欧洲后独裁社会》(*Nationen und ihre Selbstbilder. Postdictatorial Societies in Europe*，哥廷根，2008)，Helmut König 出版的《欧洲的记忆：国家记忆与共同身份之间的新欧洲》(*Europas Gedächtnis. Das neue Europa zwischen nationalen Erinnerungen und gemeinsamen Identität*，比勒菲尔德，2008)和 Stefan Troebst 的《纪念文化、文化史、历史区域：中东欧在欧洲的地位》(*Erinnerungskultur-Kulturgeschichte-Geschichtsregion. Ostmitteleuropa in Europa*，斯图加特，2013)。

有关欧洲一体化历史的最新综合论述，特别是欧洲联盟作为近代史的一个重要部分的相关内容可见 Jürgen Elvert 的《欧洲一体化》(*Die Europäische Integration*，第二版，达姆施塔特，2013)，Michael Gehler 的《欧洲：从乌托邦到现实》(*Europa. Von der Utopie zur Realität*，因斯布鲁克，2014)，最重要的是 Wilfried Loth 的《欧洲的统一：一段未完成的历史》(*Europas Einigung. Eine unvollendete Geschichte*，威斯巴登，2014)。从政治学角度出发的著作包括 Werner Weidenfeld 的《欧盟：参与者、过程与挑战》(*Die Europäische Union. Akteure, Prozesse, Herausforderungen*，慕尼黑，2013)。研究《里斯本条约》带来的制度深化的著作包括 Olaf Leiße 出版的基本分析——《〈里斯本条约〉之后的欧盟》(*Die Europäische Union nach dem Vertrag von Lissabon*，威斯巴登，2010)，以及 Werner Weidenfeld 出版的《分析中的里斯本：欧盟改革条约》(*Lissabon in der Analyse. Der Reformvertrag der Europäischen Union*，巴登-巴登，2008)。关于欧洲经

济联盟、货币联盟以及欧元历史的研究，Kenneth Dyson 和 Kevin Featherstone 的《通往马斯特里赫特之路：谈判经济与货币联盟》(*The Road To Maastricht. Negotiating Economic and Monetary Union*，牛津，2000）一直未被超越。David Marsh 的《欧元：新世界货币的秘密历史》(*Der Euro. Die geheime Geschichte der neuen Weltwährung*，汉堡，2009）备受欢迎，它总体持悲观主义态度，但提供了很多背景知识。Ingo Stützle 在《作为政治项目的紧缩政策：从欧洲的货币一体化到欧元危机》(*Austerität als politisches Projekt. Von der monetären Integration Europas zur Eurokrise*，明斯特，2014）一书表达了对欧元的批评态度，认为欧元是德国在摆脱凯恩斯主义的背景下主导的"政治项目"。

欧洲目前的危机继续表现在金融政策和外交政策方面，最重要的表现是在选民中日益蔓延的欧洲怀疑论。这场危机产生了大量的文献，但还没有诞生一个明确的、有科学依据的观点。Élie Cohen 的《思考危机》(*Penser la crise*，巴黎，2010 年）对 2008/2009 年的金融危机进行了出色的、有历史根据的分析。关于欧盟的外交政策及其引发的当前问题，可以参考第一批重要的研究著作，如 Sabine Ruß-Sattar 等人出版的《欧洲与阿拉伯之春：德国、法兰克福和欧盟地中海政策的现状》(*Europa und der Arabische Frühling. Deutschland, Frankreich und die Umbrüche der EU-Mittelmeerpolitik*，巴登-巴登，2013），关于乌克兰危机可参见 Andreas Kappeler 的《乌克兰小史》(*Kleine Geschichte der Ukraine*，第四版，慕尼黑，2014）中的相关章节。此外，Peter Strutynski 在《玩火游戏：乌克兰、俄罗斯和西方》(*Ein Spiel mit dem Feuer. Die Ukraine, Russland und der Westen*，科隆，2014）一书中呈现了最新的和尤为鲜明的对比分析，并对乌克兰颇有微词。Andrew Wilson 的《乌克兰危机：它对西方意味着什么》（*Ukraine Crisis. What it means for the West*，康涅狄格州纽黑文等地，2014）则对俄罗斯批评更多。有关欧洲危机的著作还包括 Heinrich August Winkler 的《西方通史：当前时代》（*Geschichte des Westens. Die Zeit der Gegenwart*，慕尼黑，2015）。

大事年表

1951年4月18日	建立欧洲煤钢共同体
1957年3月25日	签署建立欧洲共同体的条约；建立欧洲原子能共同体和欧洲经济共同体
1986年2月17~28日	签署《单一欧洲法案》
1989年4月	德洛尔报告
1989年11月9日	柏林墙开放
1989年12月22日	尼古拉·齐奥埃斯库在罗马尼亚倒台
1990年3月11日	立陶宛宣布独立
1990年7月1日	欧洲经济与货币联盟第一阶段
1990年8月2日	伊拉克入侵科威特，第二次海湾战争爆发
1990年10月3日	德国统一日
1991年2月15日	签署《维谢格拉德协定》
1991年3月5日	第二次海湾战争结束
1991年3月31日~1995年8月7日	克罗地亚战争
1991年6月25日	斯洛文尼亚和克罗地亚宣布独立
1991年6月27日~7月7日	斯洛文尼亚战争
1991年8月18日	针对米哈伊尔·戈尔巴乔夫发生政变
1991年11月18日	武科瓦尔（克罗地亚）大屠杀
1991年12月25日	戈尔巴乔夫辞去苏联总统职务

1992年2月7日	签署《马斯特里赫特条约》
1992年2月19日/3月1日	关于波斯尼亚和黑塞哥维那未来的独立进行全民公投
1992年4月	波黑战争爆发
1993年6月22日	哥本哈根标准通过
1994年1月1日	欧洲经济与货币联盟第二阶段；成立欧洲货币研究所
1995年1月1日	欧洲自由贸易联盟扩大：奥地利、瑞典、芬兰加入欧盟（成员国增至15个）
1995年7月11日	斯雷布雷尼察（波黑）大屠杀
1995年12月14日	签署《代顿协议》（波黑战争结束）
1997年10月2日	签署《阿姆斯特丹条约》
1998年2月28日~1999年6月10日	科索沃战争
1998年6月1日	欧洲中央银行成立
1998年9月27日	德国联邦议院选举：形成第一个红绿联盟政府，由格哈德·施罗德总理领导
1999年1月1日	欧洲经济与货币联盟进入第三阶段；引入欧元作为记账货币；建立欧洲中央银行系统
1999年3月24日	北约开始轰炸贝尔格莱德
1999年9月16日	罗马诺·普罗迪成为欧盟委员会主席
2001年1~11月	马其顿危机
2001年2月26日	签署《尼斯条约》
2001年6月28日	斯洛博丹·米洛舍维奇被引渡至海牙国际刑事法庭
2001年9月11日	世界贸易中心和五角大楼遭受恐怖袭击
2001年10月7日	阿富汗战争（持久自由行动）开始
2002年1月1日	欧元以现金形式流通
2003年3月20日~5月1日	第二次伊拉克战争
2003年5月1日	萨达姆·侯赛因倒台

2003年12月12日	欧洲理事会通过《欧洲安全战略》
2004年5月1日	欧盟首次东扩：爱沙尼亚、拉脱维亚、立陶宛、马耳他、波兰、斯洛伐克、斯洛文尼亚、捷克、匈牙利和塞浦路斯加入欧盟（成员国增至25个）
2004年11月22日	若泽·曼努埃尔·巴罗佐成为欧盟委员会主席
2005年9月18日	德国联邦议院选举：形成大联盟政府，由默克尔总理领导
2007年1月1日	欧盟第二次东扩：保加利亚和罗马尼亚加入欧盟（成员国增至27个）
2007年8月9日	美国房地产泡沫破裂；国际银行业和金融危机爆发
2007年12月13日	签署《里斯本条约》
2008年7月21日	拉多万·卡拉季奇被捕并被引渡至海牙国际刑事法庭
2008年9月15日	雷曼兄弟投资银行申请破产
2009年12月1日	《欧盟基本权利宪章》生效；凯瑟琳·阿什顿成为欧盟外交和安全政策高级代表
2010年4月23日	希腊申请欧盟财政援助
2010年5月1~2日	欧盟和国际货币基金组织对希腊的首轮救助计划
2010年6月7日	欧洲金融稳定基金（EFSF）设立
2010年11月21日	爱尔兰申请欧盟财政援助
2010年12月	"阿拉伯之春"开始
2011年3月11日	福岛核灾难
2011年4月6日	葡萄牙申请欧盟财政援助
2011年5月26日	拉特科·姆拉迪奇被捕并被引渡至海牙国际刑事法庭
2011年7月21日	欧盟和国际货币基金组织对希腊的第二轮救助计划
2012年2月2日	签署《建立欧洲稳定机制条约》
2012年3月2日	签署《欧盟财政契约》
2013年7月1日	克罗地亚加入欧盟（成员国增至28个）
2014年初开始	乌克兰危机和克里米亚危机

2014年5月22~25日	欧洲议会选举
2014年7月17日	MH017航班坠毁
2014年11月1日	让-克洛德·容克成为欧盟委员会主席；费代丽卡·莫盖里尼成为欧盟外交和安全政策高级代表

注 释

引 言

1 Hans Rothfels, Zeitgeschichte als Aufgabe, in: Vierteljahrshefte für Zeitgeschichte 1 (1953), S. 1–8, hier: S. 2.
2 Anselm Doering-Manteuffel/Lutz Raphael, Nach dem Boom. Perspektiven auf die Zeitgeschichte seit 1970, Göttingen 2008.
3 Benedict Anderson, Imagined Communities: Reflections on the Origin and Spread of Nationalism, London 1991.

第一章 变革中的欧洲

1 Dennis L. Meadows u. a., Die Grenzen des Wachstums. Bericht des Club of Rome zur Lage der Menschheit, Stuttgart 1972.
2 Michail Gorbatschow, Das gemeinsame Haus Europa und die Zukunft der Perestroika, Düsseldorf u. a. 1989, S. 288–299, hier: S. 291 f. Hervorhebungen im Original.
3 Zit. n. Andreas Schmidt-Schweizer, Politische Geschichte Ungarns von 1985 bis 2002: Von der liberalisierten Einparteienherrschaft zur Demokratie in der Konsolidierungsphase, München 2007, S. 53.
4 Telegramm des Bundeskanzlers Kohl an Ministerpräsident Németh, 12. 9. 1989, in: Dokumente zur Deutschlandpolitik. Deutsche Einheit 1989/90, München 1998, Nr. 40, S. 404.
5 Ilija Trojanow, Die fingierte Revolution: Bulgarien, eine exemplarische Geschichte, München 1999.
6 Deklaration des Obersten Sowjet der Estnischen Sowjetischen Sozialistischen Republik: Über die Souveränität der Estnischen SSR, in: Gerhard und Nadja Simon, Verfall und Untergang des sowjetischen Imperiums: mit zahlreichen Dokumenten, München 1993, Dok. 14, S. 275.
7 Deklaration über die staatliche Souveränität der Ukraine, verabschiedet vom Obersten Sowjet der Ukrainischen SSR, 16. 7. 1990, abgedr. in: ebd., Dok. 15, S. 276 f.
8 Michail Gorbatschow, Erinnerungen, Berlin 1995, S. 14.
9 Zit. n. Julie Trappe, Kollektive Unschuld und die Rückkehr nach Europa. – Rumäniens Umgang mit dem Unrecht der kommunistischen Vergangenheit, in: Regina Fritz u. a. (Hrsg.): Nationen und ihre Selbstbilder. Postdiktatorische Gesellschaften in Europa, Göttingen 2008, S. 193–210, hier: S. 196.
10 Ulf Brunnbauer und Stefan Troebst, Erinnerung und Geschichte, in: Dies. (Hrsg.): Zwischen Amnesie und Nostalgie. Die Erinnerung an den Kommunismus in Südosteuropa, Köln 2007, S. 1.

11 Zit. n. Christiane Brenner, Vergangenheitspolitik und Vergangenheitsdiskurs in Tschechien 1989–1998, in: Helmut König u.a. (Hrsg.), Vergangenheitsbewältigung am Ende des zwanzigsten Jahrhunderts, Opladen 1998, S. 195–232, hier S. 221.
12 Rzeczpospolita, 23. 12. 1991, hier zit. n. Sabine Grabowski, Vergangenheitsbewältigung in Polen, in: Helmut König u.a. (Hrsg.), Vergangenheitsbewältigung am Ende des zwanzigsten Jahrhunderts, Opladen 1998, S. 261–290, hier S. 282.
13 Zit. n. ebd., S. 288.
14 Gunter Hofmann, Polen: Jagd à la McCarthy, in: Die Zeit, 27. 4. 2007.
15 Claus Offe, Das Dilemma der Gleichzeitigkeit. Demokratisierung, Marktwirtschaft und Territorialpolitik in Osteuropa (1991), in: Ders., Der Tunnel am Ende des Lichts. Erkundungen der politischen Transformation im Neuen Osten, Frankfurt/M. 1994, S. 57–80.
16 Maria Jarosz, Macht, Privilegien, Korruption. Die polnische Gesellschaft 15 Jahre nach der Wende, Wiesbaden 2005, S. 56.
17 Interview mit Goran Bregović am 14. 9. 1989, in: Sabrina Petra Ramet, Balkan Babel. The Disintegration of Yugoslavia from the Death of Tito to Ethnic War, New York 1996, S. 30.
18 Christopher R. Browning, Ganz normale Männer. Das Reserve-Polizeibataillon 101 und die «Endlösung» in Polen, Reinbek bei Hamburg 1993.

第二章　全球化进程中的欧洲

1 Europäischer Rat (Lissabon), 23./24. März 2000, Schlussfolgerungen des Vorsitzes, S. 1 f. Dokument auch unter http://www.europarl.europa.eu/summits/lis1_de.htm (Abruf 29. 10. 2014).
2 Maciej Świerkocki, Kultura Hot doga, czyli komplex polski [Die Hotdog-Kultur – Polens Komplex], in: Ex Libris Nr. 54 (1994), S. 1 f.; Tomasz Szlendak und Krzysztof Pietrowicz, Kultura konsumpcji jako kultura wyzwolenia? [Die Konsumkultur als Befreiungskultur?], in: Kultura i społeczeństwo [Kultur und Gesellschaft] 3 (2005), S. 85–108.
3 Norbert Cyrus, Die befristete Beschäftigung von Arbeitsmigranten aus Polen, in: Jochen Blaschke (Hrsg.), Ost-West-Migration. Perspektiven der Migrationspolitik in Europa, Berlin 2001, S. 57–78. Zahlen nach Eurostat.
4 So z.B. Udo Ulfkotte. SOS Abendland: Die schleichende Islamisierung Europas, Rottenburg 2008.
5 Franck Frégosi, Penser l'islam dans la laïcité. Les musulmans de France et la République, Paris 2008, S. 449.
6 Urteil des Europäischen Gerichtshofs für Menschenrechte, CASE OF LAUTSI v. ITALY, 3. 11. 2009, Satz 56 u. 57, http://hudoc.echr.coe.int/sites/eng/pages/search.aspx?i=001-95589 (Abruf 20. 1. 2015).
7 Die Zeit, 3. 11. 2009: Kreuze in Klassenzimmern verletzen Menschenrechte.
8 Süddeutsche Zeitung, 19./20. 3. 2011, S. 8. Das Urteil: http://hudoc.echr.coe.

und Min Reuchamps (Hrsg.), Le fédéralisme en Belgique et au Canada. Comparaison sociopolitique, Brüssel 2009, S. 65–72.

第三章 "民主的危机"?

1 Anselm Doering-Manteuffel/Lutz Raphael, Nach dem Boom. Perspektiven auf die Zeitgeschichte seit 1970, Göttingen 2008.
2 Zitiert nach Ruth Wodak, Discourse and Politics: The Rhetoric of Exclusion, in: Dies. u. Anton Pelinka (Hrsg.), The Haider Phenomon in Austria, New Brunswick/N. J. 2002, S. 33–60, hier S. 35.
3 Reinhold Gärtner, The FPÖ, Foreigners, and Racism in the Haider Era, in: ebd., S. 17–31.
4 So etwa auf der auf der Tagung der Vereinigung «European Journalists» (EJ) in Opatija/Kroatien 2013, http://www.netzwerk-ebd.de/nachrichten/vej-sorge-vor-berlusconisierung-europaeischer-medien/ (Abruf 8. 9. 2014).

第四章 欧 盟

1 Anselm Doering-Manteuffel/Lutz Raphael, Nach dem Boom. Perspektiven auf die Zeitgeschichte seit 1970, Göttingen 2008.
2 Hans Günter Hockerts, Vom Problemlöser zum Problemerzeuger. Der Sozialstaat im 20. Jahrhundert, in: AfS 47 (2007), S. 3–29.
3 Schlussfolgerungen der Tagung des Europäischen Rates der Staats- und Regierungschefs in Kopenhagen am 21. u. 22. Juni, in: Europa-Archiv 48 (1993), II: Dokumente, S. D 264.
4 Kommission der Europäischen Gemeinschaft (Hrsg.), Weißbuch. Vorbereitung der assoziierten Staaten Mittel- und Osteuropas auf die Integration in den Binnenmarkt der Union, Brüssel 3. 5. 1995, http://eur-lex.europa.eu/LexUriServ/LexUriServ.do?uri=COM:1995:0163:FIN:DE:PDF (Abruf 8. 9. 2014).
5 Kommission der Europäischen Gemeinschaften, Strategiepapier und Bericht der Europäischen Kommission über die Fortschritte jedes Bewerberlandes auf dem Weg zum Beitritt, 9. 10. 2002, S. 18, http://eur-lex.europa.eu/LexUriServ/LexUriServ.do?uri=COM:2002:0700:FIN:DE:PDF (Abruf 8. 9. 2014)
6 Typisch hierfür z. B. Benjamin Landais u. a., L'idéologie européenne, Brüssel 2008; Hans-Peter Martin, Die Europafalle. Das Ende von Demokratie und Wohlstand, 2. Aufl. München u. Zürich 2009.
7 Siehe z. B. schon Winfried Steffani, Parlamentarismus in den EG-Staaten und demokratisches Defizit der europäischen Institutionen, in: Zeitschrift für Parlamentsfragen 9 (1978), S. 233–253.
8 Stellungnahme der Europäischen Kommission zur Regierungskonferenz in Turin, 8. 3. 1996, in: Internationale Politik 51 (1996) II: Dokumente, S. 86–97, hier S. 87. Es handelte sich um das Bonmot eines ungenannten europäischen Staatschefs.
9 Jens Alber/Wolfgang Merkel (Hrsg.), Europas Osterweiterung: Das Ende der Vertiefung? (WZB-Jahrbuch 2005), Berlin 2006.

10 Erklärung der Staats- und Regierungschefs der Mitgliedstaaten der Europäischen Union zur Ratifizierung des Vertrags über eine Verfassung für Europa, 18.6.2005, http://europa.eu/rapid/press-release_DOC-05-3_de.htm?locale=en (Abruf 8.9.2014).
11 EEA Art. 30, 1 u. 2c, in: Auswärtiges Amt (Hrsg.), Gemeinsame Außen- und Sicherheitspolitik der Europäischen Union (GASP). Dokumentation, 10. Aufl. Bonn 1994, S. 78.
12 Rede des amerikanischen Präsidenten George Bush anlässlich seines Besuchs in der Bundesrepublik Deutschland am 31. Mai 1989 in Mainz über die Ost-West-Beziehungen, in: Europa-Archiv Nr. 12/1989, S. D 356-D 361.
13 Knut Kirste, Die USA und Deutschland in der Golfkrise 1990/91, Fallstudie zum DFG-Projekt ‹Zivilmächte›, Universität Trier, 7.1.1998, S. 19, (http://www.deutsche-aussenpolitik.de/resources/conferences/golf.pdf (Abruf 7.11.2014).
14 Le Monde, 5.3.1991, S. 6. Zit. n. Robert Picht, Frankreich 1990/91. Rolle und Rang in einer veränderten Welt, in: Frankreich-Jahrbuch 1991, S. 9–31, hier S. 16.
15 Sondertagung des Rates – Allgemeine Angelegenheiten – am 12. September 2001 in Brüssel, Pressemitteilung PRES/01/318 vom 12.9.2001, http://europa.eu/rapid/press-release_PRES-01-318_de.htm (Abruf 1.9.2014).
16 Gemeinsame Erklärung der Staats- und Regierungschefs der Europäischen Union, Brüssel, 14.9.2001, in: Internationale Politik 56, 12 (2001), S. 88.
17 Rede des amerikanischen Präsidenten George W. Bush in Washington, 26.2. 2003, in: Internationale Politik 58,3 (2003), S. 129.
18 George W. Bush, On the state of the nation, 29.1.2002, in: John W. Dietrich (Hrsg.), The George W. Bush Foreign Policy Reader. Presidential Speeches with Commentary, New York und London 2005, S. 59–62.
19 Samuel P. Huntington, The Clash of Civilizations and the Remaking of World Order, New York 1996.
20 Vgl. Regierungserklärung Gerhard Schröders vor dem Deutschen Bundestag, 25. Sitzung am 13.2.2003, in: Verhandlungen des Deutschen Bundestages. Stenographische Berichte, 15. WP, Bd. 215, 1874–1909 A.
21 Pressekonferenz Rumsfelds im Foreign Press Center, 22.1.2003, http://www.defense.gov/transcripts/transcript.aspx?transcriptid=1330 (Abruf 1.9. 2014). Siehe auch die Rede Rumsfelds auf der Münchner Konferenz für Sicherheitspolitik, 8.2.2003, in: Internationale Politik 58,3 (2003), S. 106–110.
22 Robert Kagan, Of Paradise and Power: America and Europe in the New World Order, London 2003, hier zitiert nach der deutschen Übersetzung: Macht und Ohnmacht. Amerika und Europa in der neuen Weltordnung, München 2004, S. 29, 67 und 69.
23 Entwurf einer Europäischen Sicherheitsstrategie, vorgelegt von Javier Solana, 20.6.2003, in: Internationale Politik 58,9 (2003), S. 107-114, hier S. 112f.

第五章 欧洲的危机？

1 Zit. n. John Tamny, In 2008, Shades of October 1987, in: Forbes, 7. 2. 2008, http://www.forbes.com/2008/07/01/fed-bernanke-greenspan-oped-cx_jt_0702dollar.html (Abruf 1. 9. 2014).
2 Diese Tendenz offenbart das Buch von Dominik Geppert, Ein Europa, das es nicht gibt. Die fatale Sprengkraft des Euro, Berlin 2013.
3 Vgl. Maurizio Bach, Die Bürokratisierung Europas – Verwaltungseliten, Experten und politische Legitimation in Europa, Frankfurt M./New York 1999, S. 123–131.
4 Peter Dominiczak, Juncker named as European Commission president, as Cameron warns EU could «regret» it, The Telegraph, http://www.telegraph.co.uk/news/politics/david-cameron/10930987/Juncker-named-as-European-Commission-president-as-Cameron-warns-EU-could-regret-it.html (Abruf 8. 9. 2014).
5 Mölzer-Abend der AfD in Leipzig: Sachsen-Wahlkampf am braunen Rand, Spiegel online, 15. 8. 2014, http://www.spiegel.de/politik/deutschland/afd-laedt-zum-abend-mit-andreas-moelzer-in-leipzig-a-986281.html (Abruf 8. 9. 2014).
6 Vertrag von Lissabon, Zur Änderung des Vertrags über die Europäische Union und des Vertrags zur Gründung der Europäischen Gemeinschaft, Amtsblatt der Europäischen Union, C 306/1, 17. 12. 2007, http://eur-lex.europa.eu/legal-content/DE/TXT/?uri=CELEX:12007L/TXT (Abruf 8. 9. 2014).
7 Assoziierungsabkommen zwischen der Europäischen Union und ihren Mitgliedstaaten einerseits und der Ukraine andererseits, Amtsblatt der Europäischen Union, L 161/3, 29. 5. 2014, https://www.wko.at/Content.Node/service/aussenwirtschaft/fhp/Handelsabkommen/Assoziierungsabkommen_EU-Ukraine_-_ABl_L_161_vom_140529_neu.pdf (Abruf 8. 9. 2014).
8 Jurko Prochasko, Kleine Europäische Revolution, in: Juri Andruchowytsch (Hrsg.), Euromaidan. Was in der Ukraine auf dem Spiel steht, S. 113–130, hier: S. 122.
9 Schlussfolgerungen des Europäischen Rates zu den Beziehungen zur Ukraine, 21. 2. 2014, http://www.consilium.europa.eu/uedocs/cms_data/docs/pressdata/EN/foraff/141110.pdf (Abruf 15. 11. 2014).
10 http://www.cfr.org/arms-control-disarmament-and-nonproliferation/budapest-memorandums-security-assurances-1994/p32484 (Abruf 15. 11. 2014).
11 Ukraine-Krise: Moskau wirft USA und EU Nichteinhaltung des Budapester Memorandums vor Ria Novosti, 19. 3. 2014, http://de.ria.ru/politics/20140319/268070115.html (Abruf 15. 11. 2014).
12 Hierzu vgl. Kristina Spohr, Precluded or Precedent-Setting? The «NATO Enlargement Question» in the Triangular Bonn-Washington-Moscow Diplomacy of 1990–1991, in: Journal of Cold War Studies 14,4, Fall 2012, S. 4–54.
13 Roderic Lyne, Russland gehört in die EU, in: Süddeutsche Zeitung, 7. 3. 2006, S. 2.

14 Hierzu Matthias Guttke und Hartmut Rank, Mit der Sprachenfrage auf Stimmenfang. Zur aktuellen Sprachgesetzgebung in der Ukraine, in: Bundeszentrale für Politische Bildung, Internationales, 14.9.2012, http://www.bpb.de/internationales/europa/ukraine/144396/analyse-mit-der-sprachenfrage-auf-stimmenfang-zur-aktuellen-sprachgesetzgebung-in-der-ukraine?p=all (Abruf 15.11.2014). Das Ukrainische Parlament hob das Sprachengesetz im Februar 2014 wieder auf.
15 Andrew Wilson, The Ukrainians: Unexpected Nation, New Haven/Conn. 2009.
16 Benedict Anderson, Die Erfindung der Nation. Zur Karriere eines folgenreichen Konzepts, Frankfurt M./New York 1996, S. 16.
17 Hans-Ulrich Wehler, Die türkische Frage. Europas Bürger müssen entscheiden, in: FAZ, 19.12.2003, wieder abgedruckt in: Claus Leggewie (Hrsg.), Die Türkei und Europa. Die Positionen, Frankfurt M. 2004, S. 57–69.
18 So die Kopenhagener Beitrittskriterien von 1993, in: Europa-Archiv 48 (1993), II: Dokumente, S. D 258-D 268, hier S. D 264.
19 Boris Kàlnoky, Erdogan träumt von arabisch-türkischer Weltmacht, Welt online, 12.01.2011.
20 Pascal Bruckner, Der Schuldkomplex. Vom Nutzen und Nachteil der Geschichte für Europa, München 2008, S. 15 und 228.
21 Niklas Luhmann, Die Weltgesellschaft, in: Archiv für Rechts- und Sozialphilosophie 57 (1971), S. 1-35.

机构与组织索引
（此部分页码为德文原书页码，即本书页边码）

德国联邦议院　176

欧洲议会　129, 158, 161, 197–203

欧洲原子能共同体　141

欧洲共同体　17, 26, 61f., 75, 141, 160, 207, 211

欧洲煤钢共同体　141

欧盟委员会　77, 142, 145, 148–152, 156, 159–161, 172, 198–203

欧洲中央银行　143f., 190, 196

欧洲稳定机制　196

欧洲货币研究所　143

欧洲复兴开发银行　56, 79

美联储　186, 193

独立国家联合体　34, 46f., 55

国际货币基金组织　50, 146, 189, 191

国际劳工组织　83

"伊斯兰国"　206

欧洲安全与合作会议　65

北大西洋公约组织　15, 66, 68f., 170, 173, 181f., 205f., 208, 217f.

经济合作与发展组织　77, 83, 193

经济互助委员会　19, 26, 49, 79

联合国　7, 21, 65 f., 167 f., 173 f., 176, 205

华沙条约组织　18–22, 25, 44

经济与货币联盟　141–149, 151, 156, 158

人名索引

（此部分页码为德文原书页码，即本书页边码）

路易丝·阿尔布尔	Arbour, Louise 70
凯瑟琳·阿什顿	Ashton, Catherine 166, 204
何塞·马里亚·阿斯纳尔	Aznar, José María 178
詹姆斯·贝克	Baker, James 217
莱舍克·巴尔采罗维奇	Balcerowicz, Leszek 51
特拉扬·伯塞斯库	Băsescu, Traian 35
扎因·阿比丁·本·阿里	Ben Ali, Zine el-Abidine 207
西尔维奥·贝卢斯科尼	Berlusconi, Silvio 116, 121, 125, 127, 131f., 135
莉莉安·贝当古	Bettencourt, Liliane 121
托尼·布莱尔	Blair, Tony 123, 158, 174, 176, 178f.
克里斯托夫·布洛赫	Blocher, Christoph 133
翁贝托·博西	Bossi, Umberto 125
戈兰·布雷戈维奇	Bregović, Goran 58
列昂尼德·勃列日涅夫	Breschnew, Leonid 20f., 23
帕斯卡·布鲁克纳	Bruckner, Pascal 225
卡拉·布吕尼	Bruni, Carla 117
乔治·H. W. 布什	Bush, George H. W. sr. 186
乔治·W. 布什	Bush, George W. jr. 168f., 175, 186
戴维·卡梅伦	Cameron, David 200 f., 206
吉米·卡特	Carter, Jimmy 15
埃莱娜·齐奥塞斯库	Ceaușescu, Elena 31, 35
尼古拉·齐奥塞斯库	Ceaușescu, Nicolae 30f., 35
雅克·希拉克	Chirac, Jacques 129, 174, 176

尼基塔·赫鲁晓夫	Chruschtschow, Nikita 214
贝蒂诺·克拉克西	Craxi, Bettino 121
雅克·德洛尔	Delors, Jacques 75, 142
菲利普·迪米特洛夫	Dimitrow, Filip 36
格奥尔基·迪米特洛夫	Dimitrow, Georgi 35
佐兰·金吉奇	Djindjic, Zoran 69
雷杰普·塔伊普·埃尔多安	Erdoğan, Recep Tayyip 225
瓦莱里·吉斯卡尔·德斯坦	d'Estaing, Valérie Giscard 160
吉安弗兰科·菲尼	Fini, Gianfranco 132
约施卡·菲舍尔	Fischer, Joschka 158, 176
皮姆·福图恩	Fortuyn, Pim 127, 133f.
米歇尔·福柯	Foucault, Michel 84
弗朗西斯科·佛朗哥	Franco, Francisco 104, 124
米尔顿·弗里德曼	Friedman, Milton 51
穆阿迈尔·卡扎菲	al-Gaddafi, Muammar 205–207
夏尔·戴高乐	de Gaulle, Charles 117
汉斯-迪特里希·根舍	Genscher, Hans-Dietrich 26f., 217
布罗尼斯瓦夫·格雷梅克	Geremek, Bronisław 43
米哈伊尔·戈尔巴乔夫	Gorbatschow, Michail 19–21, 27, 31–34, 217
艾伦·格林斯潘	Greenspan, Alan 186, 193
约尔格·海德尔	Haider, Jörg 127, 130f., 133, 135
瓦茨拉夫·哈维尔	Havel, Václav 28f., 37
弗里德里希·奥古斯特·冯·哈耶克	von Hayek, Friedrich August 51, 156
约翰·戈特弗里德·赫尔德	Herder, Johann Gottfried 222
阿道夫·希特勒	Hitler, Adolf 134
托马斯·霍布斯	Hobbes, Thomas 179
理查德·霍尔布鲁克	Holbrooke, Richard 67
埃里希·昂纳克	Honecker, Erich 22, 24, 27f., 92
霍恩·久洛	Horn, Gyula 26f.
古斯塔夫·胡萨克	Husák, Gustáv 22, 28
萨达姆·侯赛因	Hussein, Saddam 167

扬·伊利埃斯库	Iliescu, Ion 31, 35
阿利雅·伊泽特贝戈维奇	Izetbegović, Alija 67
米洛什·雅克什	Jakeš, Miloš 28
维克多·亚努科维奇	Janukowitsch, Viktor 210–214
玛丽亚·雅罗斯	Jarosz, Maria 56
沃伊切赫·雅鲁泽尔斯基	Jaruzelski, Wojciech 24f.
阿尔谢尼·亚采纽克	Jazenjuk, Arsenij 216
鲍里斯·叶利钦	Jelzin, Boris 34, 47
约翰·保罗二世	Johannes Paul II./Wojtyła, Karol 24
利昂内尔·若斯潘	Jospin, Lionel 129
让-克洛德·容克	Juncker, Jean-Claude 199–201
维克多·尤先科	Juschtschenko, Wiktor 210
雅罗斯瓦夫·卡钦斯基	Kaczyński, Jarosław 43, 136, 138, 155f.
莱赫·卡钦斯基	Kaczyński, Lech 43, 136, 138, 155f.
卡达尔·亚诺什	Kádár, János 22, 25, 92
罗伯特·卡根	Kagan, Robert 179f.
伊曼努尔·康德	Kant, Immanuel 179
拉多万·卡拉季奇	Karadžić, Radovan 64, 72
斯卡·凯勒	Keller, Ska 199
瓦茨拉夫·克劳斯	Klaus, Václav 51, 156
弗雷德里克·威廉·德克勒克	de Klerk, Frederik Willem 10
赫尔穆特·科尔	Kohl, Helmut 26f., 120, 142,
布罗尼斯瓦夫·科莫罗夫斯基	Komorowski, Bronisław 138
汉斯·科什尼克	Koschnick, Hans 171
沃伊斯拉夫·科什图尼察	Koštunica, Vojislav 69
米兰·库昌	Kučan, Milan 59f.
米兰·昆德拉	Kundera, Milan 39
亚历山大·克瓦希涅夫斯基	Kwaśniewski, Aleksander 42, 177
乌萨马·本·拉登	bin Laden, Osama 173 f.
维陶塔斯·兰茨贝吉斯	Landsbergis, Vytautas 32
让-玛丽·勒庞	Le Pen, Jean-Marie 127–131, 133f.

玛丽娜·勒庞	Le Pen, Marine 134
尼克·里森	Leeson, Nick 7
戈特弗里德·威廉·莱布尼茨	Leibniz, Gottfried Wilhelm 222
安德烈·莱珀	Lepper, Andrzej 136
伊夫·莱特姆	Leterme, Yves 108
拉尔斯·勒克·拉斯穆森	Løkke Rasmussen, Lars 207
亚历山大·卢卡申科	Lukaschenko, Alexander 47
阿尔弗雷多·曼托瓦诺	Mantovano, Alfredo 103
塔德乌什·马佐维耶茨基	Mazowiecki, Tadeusz 25, 39, 48, 136
约瑟夫·麦卡锡	McCarthy, Joseph 43
弗拉迪米尔·梅恰尔	Mečiar, Wladimir 41
安格拉·默克尔	Merkel, Angela 190, 200
莱谢克·米莱尔	Miller, Leszek 177
斯洛博丹·米洛舍维奇	Milošević, Slobodan 58–60, 67–72
弗朗索瓦·密特朗	Mitterrand, François 107, 119, 128, 168
拉特科·姆拉迪奇	Mladić, Ratko 72, 226
安德烈亚斯·莫尔泽	Mölzer, Andreas 202f.
孟德斯鸠	Montesquieu 221
阿恩·默达尔	Myrdal, Arne 128
内梅特·米克洛什	Németh, Miklós 26f.
巴拉克·奥巴马	Obama, Barack 180
扬·奥尔谢夫斯基	Olszewski, Jan 41
欧尔班·维克托	Orbán, Viktor 137, 201
卡尔·奥托·波尔	Pöhl, Karl Otto 142
彼得·波罗申科	Poroschenko, Petro 216
皮埃尔·布热德	Poujade, Pierre 128
尤尔科·普罗查斯科	Prochasko, Jurko 213
罗马诺·普罗迪	Prodi, Romano 178
弗拉基米尔·普京	Putin, Wladimir 47, 212, 215–218
罗纳德·里根	Reagan, Ronald 15, 50, 164, 184, 186
赫尔曼·范龙佩	van Rompuy, Herman 165

易卜拉欣·鲁戈瓦	Rugova, Ibrahim 68
唐纳德·拉姆斯菲尔德	Rumsfeld, Donald 177
尼古拉·萨科齐	Sarkozy, Nicolas 116f., 121, 182, 206
托多尔·日夫科夫	Schiwkow, Todor 36
格哈德·施罗德	Schröder, Gerhard 123, 174, 176
马丁·舒尔茨	Schulz, Martin 199
罗贝尔·舒曼	Schuman, Robert 142, 220
朱丽安娜·斯格雷纳	Sgrena, Giuliana 178
哈维尔·索拉纳	Solana, Javier 173
约瑟夫·斯大林	Stalin, Josef 30
贝尔纳·塔皮	Tapie, Bernhard 132f.
玛格丽特·撒切尔	Thatcher, Margaret 50, 78, 81, 105, 169, 176
尤利娅·季莫申科	Timoschenko, Julia 210f., 214
约瑟普·布罗兹·铁托	Tito, Josip Broz 59, 70
亚历克西斯·齐普拉斯	Tsipras, Alexis 199
弗拉尼奥·图季曼	Tudjman, Franjo 61, 67
唐纳德·图斯克	Tusk, Donald 138
斯坦尼斯瓦夫·蒂明斯基	Tymiński, Stanisław 136
居伊·伏思达	Verhofstadt, Guy 199
然·维德诺夫	Videnov, Zhan 36
莱赫·瓦文萨	Wałęsa, Lech 42, 48, 136
吉多·韦斯特韦勒	Westerwelle, Guido 206
巴特·德韦弗	de Wever, Bart 108
盖特·维尔德斯	Wilders, Geert 134
克里斯蒂安·武尔夫	Wulff, Christian 117

图书在版编目(CIP)数据

民主与全球化:1989年以来的欧洲/(德)安德烈亚斯·维尔申(Andreas Wirsching)著;张世佶译.--北京:社会科学文献出版社,2024.11
(贝克欧洲史)
书名原文:Demokratie und Globalisierung: Europa seit 1989
ISBN 978-7-5228-2693-6

Ⅰ.①民… Ⅱ.①安… ②张… Ⅲ.①欧洲一体化-研究 Ⅳ.①D85

中国国家版本馆CIP数据核字(2023)第206670号

·贝克欧洲史·
民主与全球化:1989年以来的欧洲

著 者 / [德]安德烈亚斯·维尔申(Andreas Wirsching)
译 者 / 张世佶

出 版 人 / 冀祥德
组稿编辑 / 段其刚
责任编辑 / 陈嘉瑜
责任印制 / 王京美

出 版 / 社会科学文献出版社·教育分社 (010) 59367151
地址:北京市北三环中路甲29号院华龙大厦 邮编:100029
网址:www.ssap.com.cn
发 行 / 社会科学文献出版社 (010) 59367028
印 装 / 北京盛通印刷股份有限公司

规 格 / 开 本:889mm×1194mm 1/32
印 张:6.375 字 数:158千字
版 次 / 2024年11月第1版 2024年11月第1次印刷
书 号 / ISBN 978-7-5228-2693-6
著作权合同
登 记 号 / 图字01-2018-7842号
定 价 / 59.00元

读者服务电话:4008918866

版权所有 翻印必究